U0619023

图解服务的细节
016

なぜこの会社は一ヵ月で700件の引き合いがあったのか

中小企业
自媒体集客术

[日] 片山和也
张舒鹏

译著

人民东方出版传媒
People's Oriental Publishing & Media
东方出版社
The Oriental Press

目 录
contents

　　原来每月寥寥几次的商品问询，竟突然猛增到700 次！

　　今天，在所有的商业活动中，"拓展新业务"都成了获取成功的最关键因素。也就是说，拓展新业务是最为重要的课题，公司上下应该全力以赴。

　　能在日常工作中做好这一点的公司或者销售人员不会受到经济不景气的冲击。这是因为，这样的公司或销售人员肯定具有其他人所没有的"独到之处"、拥有很高的"竞争能力"，否则不可能在日常的工作中做到拓展新业务。

　　在当今这个产品过剩、滞销的时代，凭着"上门推销"之类的方法肯定不会取得理想的成果。如果对方是规模超过 30 人的公司，首先在前台就会吃闭门羹。就算运气好，见到了关键人物，但上门推销的方式不仅让对方产生不良印象，还等于让人抓住了弱点，会导致交易谈判的中心只能围着产品价格高低转。因此不能指望这种做法获得成功。

本书将在正文中向各位读者详细阐述，销售要死守住一点原则——"绝不兜售自己"。特别是在拓展新业务时，一定不要摆出"王婆卖瓜"的架势。所以，建立一个让顾客主动"索取资料"或者让顾客主动"洽询"的机制——"集客机制"才是使拓展新业务成功的最关键的重点。

能以上述方式吸引顾客的工具有"网站"、"直邮（direct mail，简称 DM）"、"传真直邮（FAX – DM）"等。如果能灵活运用这些"集客"工具，相比于只依靠销售人员拓展新业务，有时能收到超过百倍的效果。而事实上，某个每月只能收到寥寥几桩商品问询的企业在实行了本书所介绍的诀窍后，一个月内获取的询盘竟然多达 700 次。

特别是缺乏人力资源（销售人员数量不足）的中小企业，更应该运用上述"集客"工具，不断开拓新的业务。

拓展新业务时，为什么只喊个口号就完了？

只要是稍微干过销售工作的人都会知道，所谓的"现有客户"，早晚肯定会"衰退"下去。比如在很多公司，10年前的主要客户应该不同于现在的主要客户。换句话说，谁也不能保证现在的主要客户会一直保持今天所处的地位。

就像商品存在"生命周期"一样，顾客也有一个"生命周期"。虽然客户的生命周期长短不一，但只依赖特定顾客的生意早晚会渐渐衰弱。对于企业或者销售人员而言，唯有持续拓展新业务，才是在今天这个严酷的商业社会中存活下去的必要条件。

当然，很多企业都明白，"拓展新业务事关重大"。这也常常被公司们列为最重要的目标之一。而且还能看到在评估销售人员成绩时，往往会加入拓展新业务的评价项目。

那么在实际中，上述做法是否收到了成效？尽管拓展新业务如此重要，但事实上大多数企业却几乎没有什么行动。也就是说，拓展新业务的口号流于了空谈。

那么，为什么拓展新业务进行得不顺利呢？

不要把拓展新业务的工作交给销售人员！

拓展不了新业务的最大原因，在于把这项工作交给了销售人员。推销员得不到显著效果有以下3条原因：

①照顾现有顾客已经很忙，根本没有时间。

②没有拓展新业务的动力，所以工作不上心。
③拓展新业务的能力较低，所以拿不出成果。

一般来说，一个销售人员考虑的总是"实战层面"的问题。也就是说，他们只考虑这个月的数字，或者下个月、下下个月的数字，制订计划也顶多就是"3个月之内"。而相反，要想看到拓展新业务的成效，最快要"半年至1年"，有的时候甚至要花费"2年到3年"时间。也就是说，拓展新业务是需要在"战术层面"或者"战略层面"上花力气解决的问题。对于习惯了每天进行实战的销售人员而言，要求他们做战略战术层次的工作，肯定是收不到成果的。

不仅如此，拓展新业务所需要的技能和以现有顾客为对象的巡回销售所需的技能完全是两回事。

比如在开拓新客户时，不但对方完全不了解我们的公司，而且我方在推销时根本不知道应该找谁说话才管用。所以销售人员必须具备在电话预约时，能让对方充分识别自己以及探索目标的能力。

然而大部分销售人员甚至连上述打电话向新客户获取约见机会的技术都没有。所以如果强求销售人员去拓展新业务，结果只会导致一次又一次毫无意义的上门推销，完全收不到成效。

把拓展新业务"机制化",首先争取1天获取3桩询盘!

如上所述,拓展新业务的工作绝对不能交给销售人员来做。

笔者把打造一个不依靠销售人员就能拓展新业务的环境称为拓展新业务的"机制化"。例如上文所列举的"网站",如果建设得好,将会比一个推销员更出色。换句话说,在拓展新业务时,网站就可能成为最优秀的推销员。而"直邮"是最基本的"集客"工具,"传真直邮"则是性价比最高的"集客"方法。

此外,要想把通过以上方法获得的询盘切实转化为交易谈判,还需要"手册"、"商品目录"等手段。本书将围绕建立"叫好又叫座"的网站、直邮、传真直邮的技巧以及制作"让产品热销"的手册、商品目录的方法,为您具体阐述拓展新业务"机制化"的技术。

笔者是任职于船井综合研究所的咨询师,长期以来参与了众多拓展新业务"机制化"的工作。三笠制作所是笔者担任咨询顾问的客户之一,该公司在4年时间里销售额增长为原来的5倍。高砂 Engineering(Takasago - ENG)这家公司的销售额也在3年时间里增长为过去的3倍。而某家汽车零部件批发公司在5年时间里营业额增长为原来的6倍。这些公司全是采用了笔者所倡导的拓展新业务的"机制化"的公司。笔者殷切地希望各位读者在阅读本书后，在您自己的公司，首先从每天至少获取 3 桩询盘做起，创造拓展新业务的环境。

笔者衷心希望这本书能为各位读者提高公司之业绩尽一丝绵薄之力。

2010 年 1 月
船井综合研究所　股份有限公司
片山和也

全书内容导览

如何"机制化"

第3章
如何建立网站
- 通过解决方案网站增加网商品数量
- 让自己的网站排在搜索结果前列
- 通过立文又宣传媒介战略增大网站访问量
- 案例：利用文又宣传销售链接商品

第4章
如何制作指南手册与商品目录
- 用"方案书"获得客户共鸣
- 用免费指南手册增加容量提高100倍
- 用综合商品目录走向行业第一
- 什么是有成效的新闻消息稿？
- 案例：通过对公司技术的"可视化"，取得拓展新业务的成功

第5章
如何用好直邮、传真直邮和企业通讯稿
- 根据不同的商品或销售目标，分别使用直邮、传真直邮和企业通讯稿
- 把企业通讯稿进化成"会飞的销售员（宣传单）"
- 案例：用信传单摘推销

第6章
如何用好讲座和陈列室
- 建成完整的"集客"销售系统
- 用动型销"座无虚席"的讲座？
- "集客"后如何跟进？
- 用网型销塑型公司形象？
- 案例：拓展新业务战略以推与陈列室力容器

第7章
如何启动B2B网购业务
- "网购"能够让销售的全过程实现自动化
- 目标应当锁定"B2B网购"
- 寻找真正不与人员推销竞争的市场
- 如何集模有望客户并促进其定期网购
- 案例：在萎缩型市场坚持成长战略

第1章
"拓展新业务能力"是公司业绩的重要指标！
- 公司业绩与拓展新业务能力成正比例关系
- 建立业绩提高成果的"机制"，提高销售能力
- "不主动上门兜售"至关重要
- 什么是"新业务拓展5%法则"
- 案例：立足当地型销售店的"机制化"

第2章
不依靠推销员就能增加客户数量的"机制化"的概要
- 把销售活动划分为几个过程
- 成熟时期活用"拉动型销售"7大方法
- "拉动型销售"未必是正确答案
- 什么是"摆脱分包"
- 案例：利用批发渠道的品牌战略

第 1 章 "新业务拓展力"是必胜法宝，经济不景气时越发突显价值

1-1 公司业绩与新业务拓展力成正比例关系

对拓展新业务的投入多少是反映企业竞争能力的指标

▶ "高度的新业务拓展力"是业绩优良企业的共通之处！

笔者作为一名经营顾问，多年以来接触了数百家企业。笔者发现，在这些企业中，拥有极高的竞争能力的，即我们所说的"业绩优良企业"有一个共同点——高度的拓展新业务的能力。也就是说，优良业绩企业坚持开展新业务拓展活动，无时无刻不在建立一个产生新的主要顾客的环境。

而且，那些设有营业所的企业，越是销售额目标完成率高的营业所就越重视拓展新业务。相反，越是完不成目标的营业所，态度越"保守"。

某家机械零部件贸易公司在全国开设了 24 家营业所，该公司就各个营业所的目标完成率与拓展新业务的态度之间的关系进行了一次调查。结果显示，过去 3 期时间里百分之百完成目标的营业所全都进行了有组织的新业务拓展活动。相反，一次都没有完成目标的营业所中，有 6 成营业所完全没有进行新业务拓展活动，而剩下的 4 成营业所也搞得不系统，全部交给销售人员自己去干。

这个经验放在推销人员身上也一样。拿得出数字的顶级推销员往往具有极高的拓展新业务的能力。无论是公司、营业所还是每一个销售员，新业务拓展力都是在所有层次上获取成功的最为重要的法宝。

▶必须开展新业务的5大理由

拓展新业务为什么如此重要？理由如下：

①维持客户的生命周期

客户与商品一样，也有一个生命周期。就算自己的主力客户是稳定的大型企业，也不能保证现在的交易会永远持续下去。

②提高销售能力

要想提高销售能力，必须对"环境"做出改变。创造一个可以不断获取新顾客的环境可以进一步提高销售能力。

③提高企业竞争能力

与竞争对手相比，如果没有竞争能力，就拓展不了新业务。而与此同时，为了提高与其他企业竞争的能力，必须持续不断地拓展新业务。要形成一个良好的循环，使得以上二者在相互影响的同时，一方提高则另一方也提高。

④作为经济不景气时期的对策

当经济进入不景气时期时，作为销售额的组成部分的"客单价"和"顾客数量"中，特别是"客单价"会明显降低。所以必须拓展新业务，通过增加"顾客数量"的方式进行弥补。

⑤活化组织

为了提高组织的活力和动力，要么以录用的方式注入"新人"，要么以拓展新业务的方式注入"新顾客"，二者都是有效的手段。

▶拓展不了新业务，就留不住老客户！

笔者经常听到有人抱怨说，"保住现有客户就够忙了，根本没精力开拓新客户"。不过恕笔者直言，如果拓展不了新业务，就留不住老客户。

访问现有客户不需要特别的努力，可以作为日常工作进行。然而要想拓展新业务，必须打好腹稿（推销什么商品、如何推销），争取与客户约见的机会。而且，为了让初次访问转变为定期访问，必须找到让顾客给我们"布置家庭作业"的方法。也就是说，只有进行新业务拓展才能提高销售能力，结果上也就获得了现有客户的支持。

这条道理放在公司上也成立。如果找不到与其他竞争对手的差异性，就拓展不了新业务。换句话说，如果时刻意识到要拓展新业务并注意加强公司的差异性，作为公司的竞争力必然会提高，也会得到现有客户的支持。所以说，有没有做好新业务开拓，是了解自己公司竞争能力的重要指标。

提高拓展新业务能力

必须拓展新业务的5大理由

1 维持客户的生命周期

2 提高销售能力

3 提高企业竞争能力

4 作为经济不景气时期的对策

5 活化组织

拓展新业务是衡量竞争能力的指标

业绩优良企业的特点
●积极努力拓展新业务

业绩不良企业的特点
●只重视现有客户

●没有竞争能力就拓展不了新业务
●相反，有意识地发展新业务可以提高竞争能力

图1-1 拓展新业务能力

要　点　对大型企业深挖拓展

　　如果客户是大型企业，那么在很多情况下，如果交易部门不同，就好像完全是另一家公司，一切都不同。此时，即使属于深挖拓展，在实际业务中也应该作为拓展新业务来采取行动。

名词解释　新业务拓展与深挖拓展

　　新业务拓展指以没有交易账户的公司为对象发展业务。深挖拓展指针对有交易账户，但仍有较高的挖掘余地的公司开展业务。

1-2　建立提高成效的"机制"

要想提高销售能力,就应该以"机制化"改变环境

▶为什么搞培训也提高不了推销员的销售能力?

　　可能有不少的公司领导会认为，既然拓展新业务如此重要，那就应该把销售员们调动起来，让他们去发展新业务。然而问题并没有这么简单。这是因为，要想成功拓展新业务，销售员必须具备很高的销售能力，但是提高员工的销售能力最难。

　　说到底，销售本身就是一项难度极高的工作。事实

上，在很多中小企业，如果不是总经理或者领导，根本就不知道怎么做销售。即使是人才资源丰富的大企业，懂得拓展新业务的销售人员也不过九牛一毛。

为什么销售工作难度这么大？

这是因为，"销售"这项工作是一项极其人性化的工作，必须"讨得别人的喜欢"。为了得到别人的喜爱，最重要的是做到为他人着想，说白了，不外乎就是这个人的本性如何。也就是说，提高销售能力也就是不断完善一个人的人性，所以想通过培训来提高是相当有难度的。

更何况是接受别人开设的教育培训，这样做是提高不了销售能力的。这是因为，要想改变人的行为方式，只有改变这个人所处的"环境"。

▶要想提高销售能力，应该改变环境

心理学家勒温（Kurt Lewin）认为，人类的行为方式取决于他所处的"环境"和他自身的"性格"。可以用以下公式表示：

人类的行动方式 = 环境 × 性格

也就是说，要想改变人类的行动方式，要么必须改变"环境"，要么必须改变"性格"。然而除非进行洗脑，否则很难改变一个人的性格。

所以作为一个老板，不应该把工夫花在依靠单一孤立的培训教育等方式改变别人的"性格"上，而必须思考如何改变"环境"。

▶拓展新业务的"机制化"有利于活化组织！

同时，产业心理学认为，活化组织有以下 3 种方法：

①添加新成员（录用）

②转移人员（人事变动）

③添加新客户（拓展新业务）

也就是说，如果实行了拓展新业务的"机制化"，建立一个即使不进行销售活动，每天也都能收到来自新客户的咨询电话或询盘的环境，那么不但可以活化组织，销售能力也会得到提高。原本死气沉沉的公司，只要推行拓展新业务的"机制化"，建立一个每天都会有新生意上门的环境，那么无论是领导还是员工都会重焕生机。

笔者过去曾为某衰退行业的制造商担任过咨询工作。这家公司有 6 名员工，所生产产品的市场每年都在缩小。

但是，无论市场怎么衰退，如果能灵活运用网站等工具把生意圈子扩展到全日本，就肯定会有需求。而实际上，在建立了笔者所提议的网站后，这家公司每 2 天就能收到 1 桩询盘。

曾一度想过把公司关掉的老板也恢复了神采，甚至下决心招收年轻员工。在笔者刚为他们做顾问时，这家公司员工的平均年龄超过了 50 岁，而现在竟有了 20～30 岁的年轻职员。原先对新事物消极应对的骨干员工也开始变得相当积极。可见环境是可以改变人的。

高层领导们的工作是创造"树人的环境"。而实现这一点的最快捷径就是推行拓展新业务的"机制化"。这样

开拓新业务还有利于活化组织

提高销售能力的要点

- 所谓"提高销售能力",换句话说,无非就是"改变人的行为方式"。

- 心理学家勒温认为,人的行为方式取决于这个人所处的"环境"和与生俱来的"性格"。

行为方式 = 环境 × 性格

- 人的"性格"很难被他人改变。重要的是通过推行拓展新业务的"机制化"去改变"环境"。

活化组织的3种方法

1. 添加新成员(录用)
2. 转移人员(人事变动)
3. 增加新客户(拓展新业务)

- 中小企业录用新人伴有风险,人事调动也很难做。

- 推行新业务拓展才是最好的、风险最小的活化组织的手段。

图1-2　开展新业务有利于活化组织

看来，甚至可以说推行拓展新业务的"机制化"才是高层领导们最为重要的工作。

名词解释 **产业心理学**

无论在什么产业，劳动者的工作积极性都对生产率和效率产生巨大的影响。产业心理学的作用就是研究怎样才能提高劳动者的工作积极性。

一句话补充 **销售要靠直觉、经验和胆量！**

现在的人们觉得依靠"直觉、经验和胆量"的销售方式太"老古董"，最近人们更喜欢"提案式销售"之类的时髦方式。然而在根基上没有"直觉、经验和胆量"的话，就做不到真正意义上的销售。

1-3 "不主动上门兜售"的战略才会产生利润

有时候越是推销自己，越容易陷入恶性循环

▶必须实行新业务拓展的"机制化"的3条理由

拓展新业务必须实现"机制化"，理由有以下3点：

①上门推销自己会给对方留下不好的印象

②上门推销自己，就只能靠价格定胜负

③社会已经日趋成熟，上门推销的效率越来越低

关于理由①，销售必须死守的一条原则就是"绝不兜售自己"。更何况是拓展新业务，更要牢牢遵守这条原则。这是因为，兜售自己会给对方留下负面印象。

做销售最重要的是刚登台时的亮相，换句话说，形象决定了一切。即便是同一个人销售同一件商品，最初给对方留下了怎样的印象将会大大影响随后的事态走向。

笔者在上一小节中曾举过这样一个案例，某生产厂商通过网站以2天1桩的速度获得了来自新商家的询盘。而这家公司以通过网站获得的询盘为契机，成功获得了某大型企业的订单。大型企业高度评价了这家生产商的技术实力，直到现在还定期向该公司下单。

其实，这家生产厂商在几年前拓展新业务时，曾经对那个大型企业推销过自己的产品。当时他们不但还没建立今天的网站，就连一份像样的公司宣传资料都没有。于是落得对方一句冷冰冰的"东西不便宜的话，我们公司是不买的"，结果别提拿到订单，甚至连洽谈的机会都没争取到。但是在几年后，这家生产商从同一个企业那里接到询盘，并成功获得了大规模订单。

由此我们可以看出，"自己上门兜售"和"解决来自客户的要求"是有天壤之别的。

►自己主动兜售，会被别人攻击底盘，死咬住价格不放……

如理由②所示，如果自己主动推销，容易陷入"价格定成败"的局面。接下来，为各位读者讲述一个笔者在担任某零部件加工生产商的咨询工作时发生的故事。这家公司的毛利润突然从某一天开始急速下滑，虽然工厂忙碌不停，但处于几乎收不到利润的状态。这是因为，近几年来的经济不景气导致销售额降低，虽然该企业本着强化销售力量的目的增加了销售人员的数量，但是这些销售员们反复以上门推销的方式拓展新业务，并以不必要的低价接收订单。

于是笔者让该公司把新开展的销售活动全部停下来，更改为召开免费技术讲座，并通过传真直邮集揽顾客的销售方式。来参加讲座的顾客会直接参观他们的工厂，所以接单率有了飞跃式的提高。而且该公司还重新设计了自己的网站，终于达到了1天有2个左右的商家前来洽询的速度。

这家公司就是在改变了"自己主动兜售"的销售方式后，不合理压价的情况才越来越少，利润率也恢复到了原有的水平。

►成熟期的新业务拓展，要采取"机制化"的方式

以上可以看出，有些时候销售越是勤快就越可能陷入

恶性循环，所以作为一名上层领导必须谨慎注意。

而最关键的一点在于理由③，即当今的社会已经进入了"成熟阶段"，所以采取上门兜售的方式，东一榔头西一棒槌地找买家是行不通的。所谓的"成熟期"，指已经进入了用户身边布满了必要的信息和资源采集手段的状态。在这样的状态下，无论我们怎么努力兜售自己都是没有效率的，而且也只好靠降低价格取胜。

与其如此，倒不如建立一个"机制"，通过全方位推出自己公司的"优点"和"理念"让对其产生兴趣的用户或产生共鸣的用户前来咨询。这么做不但可以成倍提高效率，最重要的是不易于陷入压价买卖的泥潭。

在今天，几乎所有行业都迎来了成熟期。所以重新审视自己所采取的销售方式，推行新业务拓展的"机制化"才是成功的重要关键。

这样做没问题！ 作为教育环节的上门推销

某大型证券公司对于无论多么优秀的员工，都要让其体验上门推销的工作。这么做的目的不在于拓展新业务，而在于教育培训。在必须具备极高的销售能力的行业里，可以说这是必须采取的战略。

拓展新业务的铁规矩

1 不要主动上门兜售自己

2 要留下好的第一印象

3 不要因为没遵守 **1** 、**2** 而把交易谈判引到讨价还价上

拓展新业务的两种模式

不好的模式	好的模式
销售人员以上门推销的方式拓展新业务	通过召开讲座吸引客户或者成立网站的方式获取询盘

由于"自行推销"暴露了自己的老底	让顾客们感受到我方的"优点"及"理念"

交涉时被顾客牵着鼻子走，陷入价格竞争	让顾客理解我们的好处，不陷入单纯的价格竞争

● 如果自己上门推销自己，新业务拓展将陷入恶性循环

● 如果对方能正确理解我方的"优点"及"理念"，就不会陷入单纯的价格竞争

图 1-3　成功拓展新业务的要点

1-4 在经济不景气中得以验证的"新业务拓展5%法则"

积极拓展新业务的企业受到经济不景气的打击更小

▶在世界范围的经济不景气中得出的成功条件

在前面几个小节，从各个不同角度探讨了"拓展新业务的必要性"。拓展新业务才是所有企业都绝对必须做的。笔者对此深信不疑始于2009年，当时正面临着"世界范围内的经济不景气"。

以美国投资银行雷曼兄弟（LEHMAN BROTHERS）的破产（2008年9月）为导火索，金融危机横扫全球。进入2009年后，危机越发严重，特别是日本制造业受到了沉重的打击。比如车床的订货量比高峰期时减少50%～80%的状态从2009年1月起，一直持续到笔者撰写此书的今天（2010年1月）。

汽车与出口相关的制造行业普遍处于接单量减半的状态，很多企业在接受国家补助金（雇用调整补助金）的情况下每月仍然出现很高的赤字。这种过去从未体验过的状态一直持续不退。

在这样的环境中，笔者观察自己担当顾问的企业，发现了一条规律：积极在拓展新业务上花工夫并取得成效的企业受到不景气的打击更小。

▶什么是"新业务拓展5％法则"？

更具体地说，那些"拓展新业务的销售额占整体销售额5％以上"的公司，在同行业其他企业销售额与去年相比减少一半的情况下，其销售额维持着不涨不落或轻微减少。不仅如此，甚至有些公司在2008年到2009年之间销售额增长了1倍以上。

这里所说的"拓展新业务的销售额"特指"开始交易后1年以内的数字"。一般情况下与法人进行定期交易时，刚开始交易时销售额较少，但随着实绩与信赖度的提高，销售额会逐渐提高。也就是说，如果想依靠"开始交易后1年之内的数字"实现整体销售额5％的目标，必须以某种形式对拓展新业务进行机制化，否则很难达到这个数字。

在截止到2008年9月的5年之间，汽车和出口相关的制造业出现了前所未有的活跃景象。各家公司日夜不停地加班工作，如何把手头的工作做好成了最大的难题。在这样的环境下，致力于拓展新业务的公司只是少数。或许正因为如此，下工夫拓展新业务的公司才实现了与其他竞争对手之间的差异性，在顾客眼中成了非常值得深入交往的贸易伙伴。

出于上述体验，笔者把"新业务拓展 5% 法则"规定为企业应当制定的目标之一，让自己担任咨询工作的公司积极采用。灵活应用本小节所示的管理表，就可以观测拓展新业务时实际情况与目标（即总销售额的 5%）间的进展率。

▶强化竞争力的要领

"新业务拓展 5% 法则"里的 5% 并不是随便得出的，这个数字具有十分重大的意义。

美国有个超级优秀企业叫做 3M 公司（美国明尼苏达矿业制造公司），该公司有一条规矩是"**过去 5 年内发售的商品（即新产品）的销售额要占销售额整体的 25% 以上**"。这个企业是一个极具个性的研究开发型企业，其发明的"便利贴"全球闻名。5 年内超过 25%，也就是说 1 年里的目标是

$$25\% \div 5 \text{ 年} = 5\%/\text{年}$$

如果是类似于 3M 公司这种生产日用品的制造商，那么交易伙伴就限定在了担任批发的代理商。这时候目标就可以调整为"新产品 5%"。

所以要想强化企业的竞争力，所有的要点都在于作为企业发展目标的新业务拓展或新商品投放。

表1-1　管理表

管理表

可下载

			1科		2科		开发科		滋贺营业所		
商品NO.	负责人	用户名称	10月	11月	12月	1月	2月	3月	合计		
107	负责B	＊＊＊＊＊＊	161,770	1,413,332	-1,276,651	2,539,021	4,353,026	1,986,580	¥9,177,078		
108	负责C	＊＊＊＊＊＊	30,130	160,675	2,790	0	174,425	0	¥368,020		
109	负责D	＊＊＊＊＊＊	38,440	31,630	1,026,413	164,857	215,975	1,366,285	¥2,843,600		
110	负责A	＊＊＊＊＊＊		15,290	0	57,970	154,890	218,140	¥446,290		
111	负责A	＊＊＊＊＊＊		5,130	117,820	51,620	720	7,620	¥182,910		
112	负责A	＊＊＊＊＊＊		32,200	74,920	66,230	175,210	95,150	¥443,710		
113	负责E	＊＊＊＊＊＊			3,593,850	0		0	¥3,593,850		
114	负责A	＊＊＊＊＊＊				41,373	35,962	6,000	¥83,335		
115	负责A	＊＊＊＊＊＊				760,000	0	0	¥760,000		
116	负责D	＊＊＊＊＊＊				111,060	12,750	464	¥124,274		
117	负责F	＊＊＊＊＊＊				151,680	228,141	3,301,340	¥3,681,161		
118	负责G	＊＊＊＊＊＊				44,520	48,116	215,436	\308,072		
119	负责A	＊＊＊＊＊＊					168,446	158,950	¥327,396		
120	负责A	＊＊＊＊＊＊					9,600	0	¥9,600		
121	负责A	＊＊＊＊＊＊					32,940	0	¥32,940		
122	负责H	＊＊＊＊＊＊					26,265	69,040	¥95,305		
123	负责D	＊＊＊＊＊＊					37,810	0	¥37,810		
124	负责C	＊＊＊＊＊＊						158,600	¥158,600		
125	负责C	＊＊＊＊＊＊						73,578	¥73,578		
126	负责A	＊＊＊＊＊＊						243,570	¥243,570		
127	负责A	＊＊＊＊＊＊						48,490	¥48,490		
128	负责B	＊＊＊＊＊＊						500,000	¥500,000		
129	负责H	＊＊＊＊＊＊						156,300	¥156,300		
130	负责B	＊＊＊＊＊＊						54,600	¥54,600		
131	负责F	＊＊＊＊＊＊						183,190	¥183,190		
171									¥0		
172									¥0		
173									¥0		
174									¥0		
175									¥0		
		1科 销售额合计	¥1,642,815	¥617,131	¥99,790	726,820	1,035,389	5,106,266	¥9,228,211		
		2科 销售额合计	¥3,697,945	¥2,912,233	¥-187,921	3,298,601	5,939,249	3,263,492	¥18,923,599		
		开发科 销售额合计	¥0	¥0	¥3,593,850	0	0	0	¥3,593,850		
		滋贺营业所	¥5,683,423	¥2,713,091	¥4,499,208	2,687,649	3,181,384	2,755,377	¥21,520,132		
		销售额目标比率	8.29%	4.69%	6.02%	5.05%	7.64%	8.36%			
			¥11,024,183	¥6,242,455	¥8,004,927	¥6,713,070	¥10,156,022	¥11,125,135	¥53,265,792		

※实际采集了为期1年的数据进行统计，在此仅选出6个月的数据陈列。

机床是制造机器的机器，所以又叫做"工具母机"。机床订货量是景气指标之一，通过这一数据可以掌握设备投资的动向。

一句话补充　**新商品的销售额比率**

三丰公司（MITSUTOYO）在测量工具市场占有70%的份额，是一家非常在意新商品销售额比率的优良企业。该公司的目标是过去 3 年内发售的商品的销售额比率超过30%。

案例　立足当地型销售店的"机制化"

K·Machine 的新业务拓展战略

▶目标是在地区内树立自己的位置

K·Machine 是一家机械工具贸易公司，总部设在京都市，共有 23 名员工。该公司主要以工厂为客户，销售用于生产的机械、工具和零部件等。公司在进行销售活动的同时还负责配送，也发挥了物流职能。

在众多机械工具中，该公司特别以"马达"、"轴承"、"控制器"等机械零部件为主打商品，以京都市内的机械生产商及生产工厂为主要客户开展业务。

机械工具贸易这个行当，随着制造业转向海外，日本国内的价格竞争愈演愈烈。而且京都有好几家机械工具贸易公司的员工人数达到了将近100人，位列整个地区的龙头老大级别。所以该公司最大的难题就是如何制造与这些强劲对手间的差异性，如何在地区里找到自己的独特位置。

► **"机制化"使销售模式焕然一新！**

K·Machine 过去的年销售额为 13 亿日元。作为一家立足当地的贸易公司，要想提高知名度，必须让年销售额超过 20 亿日元，然而，最初拓展新业务时却非常不顺利。

机械工具贸易公司要想提高销售业绩，必须以员工超过 100 人的中坚或大型企业为对象拓展新业务，让他们为自己开设交易账户。然而大多数中坚或大型企业已经有了好几家机械工具贸易公司作为合作伙伴。而且在当时，大公司们往往倾向于减少交易账户，要求数量有限的几个交易伙伴降低成本。

要想在这种环境中推行新业务拓展，必须实行新业务拓展的"机制化"，把销售方式从"自己上门推销"改变为"解决顾客提出的要求"。

于是该公司决定在自己公司举行定期免费技术讲座。这个免费的技术讲座以"传真直邮"（详见第 5 章）的方式集揽顾客，几乎每次都做到了座无虚席。当拓展新业务的目标是工厂时，该公司还举行工厂必备品——"空压机"、"轴承"、"V形带"等设备的维修技术讲座。而且这些讲座不是只讲一次，公司制定了整年的授课计划，并告诉顾客们每次的日期安排。讲座的老师聘请了卖方生产商的技术人员。

越是大型企业越积极参加这种免费技术讲座。所以召开讲座的前提就是把日期定在上班时间之内。

而且 K·Machine 还在公司总部设置了陈列室，摆放上了推进工厂自动化所需的最先进的检测装置等。而该公司的竞争对手，还没有哪家机械工具贸易公司拥有这样的陈列室。

如此一来，对于参加讲座并愿意参观陈列室的新客户，几乎能百分之百争取到拜访机会。拿到登门机会并在初次拜访时，该公司会带上公司自主开发的省力机器样机和库存目录。这一点在同行业中也是首创。

▶依靠"新业务拓展5％法则"躲过了经济不景气的影响

通过上述努力，该公司仅靠10名销售员，在1年时间内就成功发展了40多家公司的新业务。其中有7家公司是上市公司或其相关公司。

该公司在下工夫拓展新业务时，把新业务拓展的目标

··K·Machine的技术讲座

K·Machine的陈列室（右侧照片为刚成立时）

K·Machine2008年度业绩发展（单位：千日元）

2008年度	2008年4月	2008年5月	2008年6月	2008年7月	2008年8月	2008年9月	
	123,667	144,744	117,707	205,741	232,792	147,864	
去年业绩	90,092	113,943	105,821	144,578	100,121	105,251	
去年对比	137.3%	127.0%	111.2 %	142.3 %	232.5 %	140.5 %	
2008年度	2008年10月	2008年11月	2008年12月	2009年1月	2009年2月	2009年3月	合计
	179,201	156,195	126,375	91,090	117,748	139,760	1,782,885
去年业绩	142,421	126,025	158,096	91,475	184,889	197,403	1,560,117
去年对比	125.8%	123.9%	79.9 %	99.6 %	63.7 %	70.8 %	114.3 %

图 1－4　K·Machine 案例

定为 10% 的销售额比率。于是从 2008 年开始，每一个月的拓展新业务的销售额比率都大于 5% 。在同行业其他公司进入 2009 年后销售额减少一半的大环境下，该公司一直维持着稳定的销售业绩。

该公司的销售额，在 2005 年刚开始施行一系列举措时，年销售额为 13 亿日元，而到了 2009 年春季，年销售额已经实现了 17.8 亿日元。

名词解释 机械工具贸易公司

机械工具贸易公司可分为直接向终端用户销售产品的"销售店"，和批发给销售点的"批发贸易公司"。日本国内约有 1 万家机械工具贸易公司（行业团体加盟约 5000 家）。

一句话补充 陈列室效果巨大

拥有自己的陈列室，可以在提高公司形象、获得客户信任上产生巨大的效果。对于建筑改造公司等而言，陈列室也能发挥出极大的效果。

▷ 拓展新业务时必须制定组织战略

当一个以向现有客户进行巡回销售为主要业务的公司开始发展新业务时，建立一个拓展新业务的特种部队才是硬道理。比如第 1 章案例介绍的 K·Machine，也专门成立了一个拓展新业务的特种部队——"营业开发科"。

必须建立特种部队的理由有以下 3 点。

① 拓展新业务需要较高的销售技能

② 无法在进行巡回销售的同时分配出拓展新业务的时间

③ 拓展新业务必须立足长远

首先说理由①，在拓展新业务时，建立实现吸引顾客的机制化固然非常重要，但第一次拜访客户时留下的印象决定了能否转变为日后的定期拜访。关于理由②，巡回销售的销售员为了处理现有客户的问题而操劳奔波，让他们再去发展新业务，从实际角度考虑是不可能有进展的。关于理由③，如果硬让一般的销售员发展新业务，到头来他们可能只选择自己容易下手的客户，而不愿意去公司真正想拉到的大型企业那里。

基于上述几条理由，作为推进新业务拓展的现实做法，首先应该让新业务拓展特种部队发展新业务，当稳固到一定程度之后，再过渡为巡回销售型的一般性销售。

第 2 章　不必再依靠销售员！拓展新业务可以"机制化"

2-1　通过"因数分解"分析销售活动
分解为若干个环节就能得出答案

▶销售活动的3个环节

无论是什么事情，进行因数分解后就能看到重点。这里所说的因数分解是指把事物分成若干个组成要素后进行分析的方法，是商务咨询活动中经常使用的技巧。

将销售活动进行因数分解，可以分成以下3个环节。

销售活动＝集揽顾客→成交→跟进客户

首先，"集客"是指集揽有望客户的环节。有望顾客是指有可能（有希望）购买自己公司商品的客户。相对于有望客户的概念，完全不清楚对方是否会购买自己商品的，称为潜在客户。

销售活动的第一步，就是从数量庞大的潜在客户中筛选出有望客户。打个比方，假设你是一个汽车销售员，眼前有一块居民住宅。那么眼前这块住宅里的所有住户都是潜在顾客，而你必须从中找出有可能购车的人来。

至于怎么做，比如采取登门推销的方式，找出对汽车感兴趣的人。或者通过夹在报纸里的宣传单的方式，吸引对车感兴趣的人参观展室。这个环节就是"集客"。

接下来的步骤是"成交"。成交是指为从客户处获取订单而采取的行动。具体指对于客户的询盘提出某些建议、方案，进行估价并获得订单。

生意成交并顺利获得订单后，顾客就从有望客户升级为客户。相反，如果没有拿到订单，那么对方仍然只是有望客户。而最后的一个环节就是"跟进客户"。

▶应该在哪个环节推行"机制化"？

以上 3 个环节中，首先应该推行"机制化"的是最初的"集客"环节。"集客"是最容易"机制化"的步骤。例如，可以利用报纸内夹附的广告页、网站、直邮、传真直邮等工具，或者利用在各类媒体上刊登广告的方式集揽顾客。

很多企业在开展销售活动时把"集客"和"成交"放在一个环节里处理，连原本应该进行"机制化"的"集客"环节都交给销售人员去做（特别是在所谓的 B 2 B 的法人销售领域，这种倾向格外显著）。

而做得最极端的公司甚至会直接命令销售员们拉新业务过来。

▶"集客"不是销售员的工作，而是公司的工作！

首先，笔者希望跟各位读者达成共识，"集客"不是销售员的工作，而是公司的工作。这是因为，"集客"所必须

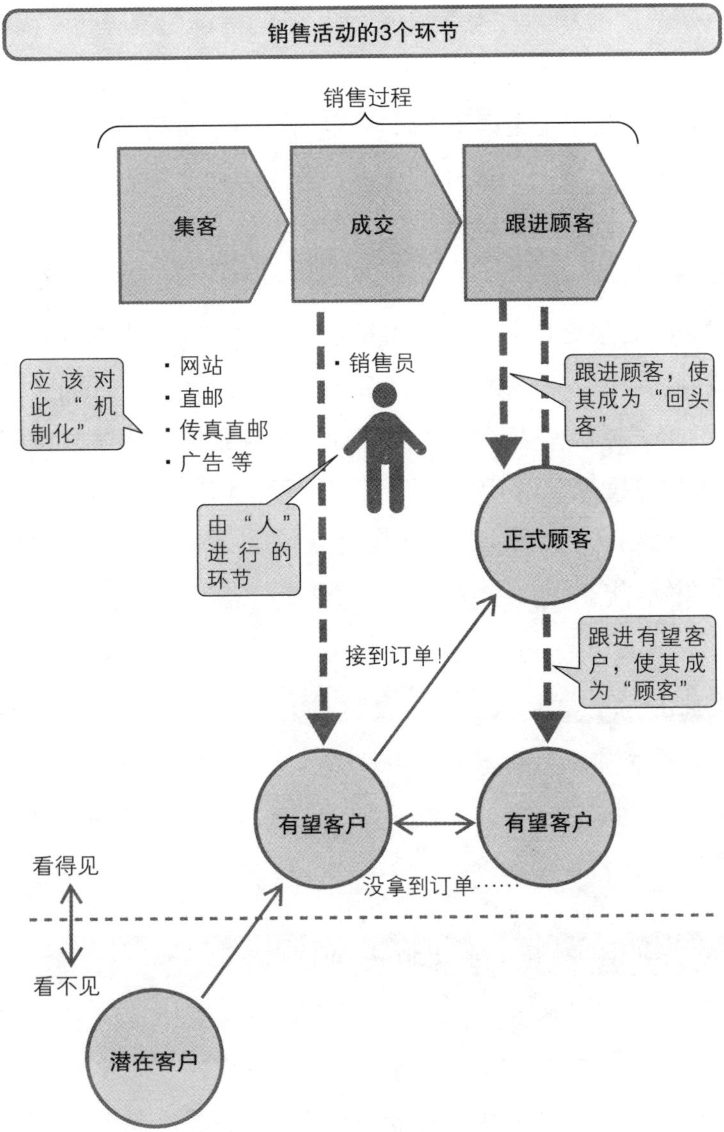

销售活动的3个环节

销售过程

集客　成交　跟进顾客

应该对此"机制化"

・网站
・直邮
・传真直邮
・广告 等

・销售员

由"人"进行的环节

跟进顾客，使其成为"回头客"

正式顾客

接到订单！

跟进有望客户，使其成为"顾客"

有望客户 ←→ 有望客户

看得见

没拿到订单……

看不见

潜在客户

图 2 - 1　销售活动的 3 个环节

具备的才能和"成交"所必须具备的才能是完全两码事。例如绝大多数情况下，由销售员编写的用于"集客"的传真直邮宣传单完全得不到顾客回应，到头来成了废纸。

为什么会出现这样的情况？这是因为"集客"的本质是市场营销，而"成交"则等同于销售（sale）。市场营销与销售看似一样，实则不同。相对于销售，市场营销更需要具备建立假说的能力。换句话说，市场营销必须具备站在稍微偏离当事人的立场上，以旁观者的身份看待事物的能力。

而实际上，如果是大型企业，会成立"销售策划部"、"市场营销部"等部门，通过有别于销售的组织拟定市场营销计划。而如果是中小型企业，市场营销就应该是公司高层领导的工作。

名词解释　销售环节

销售环节的分析方法多种多样，除了正文所介绍的分法外，还可以分为"瞄准→发送讯息→掌握需求→提供方案→成交"等等。

要　点　提升销售（up - sell）的思路

销售活动的目的在于把"潜在客户"提升为"有望客户"，并把"有望客户"提升为"客户"，最终使其成为"回头客"。一步步提升顾客的层次，叫做提升销售。

2-2 成熟期应灵活运用"拉动型销售"

"集客"对于任何生意都是成功关键！

▶什么是"拉动型销售"

如前文所述，通过对"集客"的环节施行"机制化"，让顾客主动接近我们，这样的销售方式叫做"拉动型销售"。

相反，我方主动接近顾客的销售方式称为"推动型销售"。

一直以来，相对而言，以"拉动型销售"为主的公司更多。特别是以 B 2 B、巡回销售（定期交易）为主体的以法人为对象进行销售的公司，其推动型销售的性质更强。

从结论上说，只拥有推动型销售一种手段的公司，必须立刻开始引入"拉动型销售"的方式。这是因为，只凭推动型销售一种方式，永远也不可能推进新业务拓展的工作。

▶为什么应该引进"拉动型销售"方式？

为什么只凭推动型销售方式就不可能推进新业务的拓展？这是因为现在的大多数行业都迎来了成熟期。

以汽车行业为例，当今这个时代，汽车已经广泛普及到了各家各户。也就是说，相对于"首次购买的需求"，

"更换需求"要大得多。

面对一个已经拥有了某种商品的人，没有什么事情比向其推销相同产品更难。如果抓住了顾客正在考虑更换新产品的时机并登门拜访，或许还有机会。然而，既然顾客已经在用别家公司的商品，那么即便是更新换代，顾客依然选择原来的商家购买的可能性是相当大的。

这样看来，当商品得到广泛普及时，也就是说市场迎来成熟期时，通过推动型销售的方式拓展新业务是非常没有效率的。所以必须建立一个体系，能通过"拉动型销售"集揽有望客户。

相反，如果商品还未普及，即市场处于发展期的状态下，采取"推动型销售"的方式也可以拓展新业务。例如，节能型热水器 EcoCute 在当年刚推向市场时，公司就积极地采取了上门推销的方式。而今天受到广泛关注的太阳能发电等也是同样的道理。

当然，如果考虑到做生意的效率，总是拿处于发展期的商品作为买卖对象倒也称得上是一种方法。但是，大多数公司不可能轻易地转换生意内容。

此外，没必要因为自己公司所处的交易领域已经处于成熟期就感到悲观。只要不发生破天荒的事情，商品的需求不可能一点都没有，而且只要采取了笔者即将在下文中介绍的"拉动型销售"，即使所在行业已经处于成熟期，也能收到惊人的效果。

成熟期要采取"拉动型销售"

推动型销售与拉动型销售的不同

推动型销售的特点

采取"我方上门兜售"的销售方式

拉动型销售的特点

采取"我方不主动推销"的销售方式

生命周期与销售方式

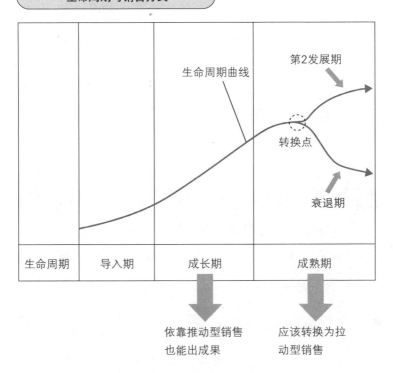

图2-2 成熟期要采取"拉动型销售"

▶ "人脉销售"的局限性

说到发展新业务，还有人会主张"人脉销售"（包括顾客推荐在内）的有效性。然而按照世间一般道理来讲，依赖人脉的商业模式不可能持续长久。这是因为，人脉没办法轻易继承到别人身上。如果一个商业模式非常依赖个人，没有某个人的存在就做不下去，那么站在中长远的角度，应该认为是不利的。

再看顾客推荐，只有很少的场合下客户才会把比自己水平更高的客户介绍给我方。实际上在绝大多数情况下，顾客只能把比自己还小的公司（分包商等）介绍给我们。

由此可见，"人脉销售"有一定的局限性。要想维持长久的生意，必须依靠自己的力量建立可以持续拓展新业务的机制，换言之，必须确立"拉动型销售"的机制。

一句话补充 B 2 B 与 B 2 C 的不同

B 2 B 销售以定期交易为前提，正因为如此，较之于 B 2 C 领域，更保守、"人性"的成分更大，很多情况下在市场营销方面较落后。

名词解释 生命周期理论

无论是什么商品，都会从"导入期"，经历"成长期"，走向"成熟期"。生命周期理论认为，应该根据各个不同时期采取不同的战略。

2-3 "拉动型销售"的7大方法

找出最适合公司形态的"拉动型销售"

▶拉动型销售需要什么集客工具?

为使拉动型销售成功,必须运用"集客工具"。拉动型销售所需的集客工具如下所示:

①网站

②直邮

③传真直邮

④广告媒体(报纸、杂志及其他媒体)

⑤策划讲座

⑥设置陈列室(测试中心)

⑦策划、参加展览会

应该从以上几种集客工具中,选取最适合自己公司形态和行业性质的方法。

▶如何根据情况分别使用集客工具

对于上述几种集客工具,应该怎样在不同情况下区分使用呢?

区别使用集客工具,特别要考虑以下两方面因素:

(a)作为销售对象的交易圈

(b)目标(有望客户)数量

关于（a），首先根据是"全国区"还是"当地地区"进行大致区分。例如集客工具中，①网站就是"全国区"型集客工具。

相对于①网站，②直邮及③传真直邮则属于"立足当地"型集客工具。

假如某公司仅以九州的福冈县以内作为交易圈子，那么仅依靠网站作为集客工具的话，就极有可能只招揽到诸如东北地区及关东地区等自己公司照顾不到的地区的有望客户。

再看（b），假如采用对 2 万个有望客户发送直邮广告的方式，假设每一份广告的成本为 150 日元，那么总共要花费 300 万日元。而如果换成传真直邮的方式，则可以把成本降低为原来的十分之一。

当然，直邮的平均回复率（一般为 3%）比传真直邮的回复率（一般为 0.5%）要高，从回复率的角度来看，选择直邮广告更具有优势。但从每获得一个客户所耗成本的角度来看，传真直邮比直邮更划算。而且由于传真直邮的成本较低，可以反复发送，所以在最终获得客户数量上要胜于直邮方式。

不过，直邮广告的方式给客户留下的印象更好，而且可以传达更多的信息。所以如此看来，公司的预算支出和目标数量决定了选择什么集客工具（第 5 章将为各位读者详细介绍直邮和传真直邮）。

拉动型销售的7大手法

拉动型销售必须做到

实行拉动型销售必须运用"集客工具",从"潜在客户"中集揽"有望客户"。

拉动型销售采用的集客工具

1 网站

2 直邮

3 传真直邮

4 广告媒体(报纸、杂志及其他媒体)

5 策划讲座

6 设置陈列室(测试中心)

7 策划、参加展览会

图2-3 拉动型销售的7大手法

▶性价比最高的集客工具是网站！

在以上集客工具中最必不可少的是①网站。在上文中笔者刚提到，在企业立足当地的情况下不能只依靠网站。立足当地型企业应该使用"交叉传媒"的方式，即通过传真直邮及其他各种媒体把顾客吸引到公司的网站上（关于网站设计，将在第 3 章为各位读者详细介绍）。

网站在所有集客工具中是性价比最高的、效果最大的手段。笔者衷心希望各位读者通过第 3 章的阅读，把自己公司的网站培养成"最强悍的销售员"。

Stop！	少量的直邮广告没有意义

无论是直邮广告还是传真直邮，只发送少量（例如100 份左右）则完全没有意义。一般认为，直邮广告要发1000 份以上，传真直邮要发送 2000 份以上才有效。

2-4 直接销售或直接交易未必一定是好事！

什么是关于流通必须掌握的基本概念？

▶正确理解问题的关键

本章在前面几小节中，为各位读者介绍了拉动型销售的必要性和各种集客工具的概要。

在本小节里，笔者想谈一下在拓展新业务时，关于流通最起码应该掌握的要点。

或许因为中小型企业的大多数业务都是分包，所以经常会有人把分包看成多么不好的事，并主张企业"摆脱分包"。

在此希望各位读者不要误会，分包绝不是一件坏事。不是说分包不好，过分依赖少数几个客户才是问题。

一些中小企业，其客户只有一家母公司的情况也绝不少见。

无论交易公司是全球多么知名的大企业，在当今这个时代，什么都不是绝对的。今天这个时代，通用汽车（GM）和克莱斯勒（Chrysler）也会破产，能代表日本的龙头型制造商也挣扎于巨额的赤字。

所以，通过拓展新业务增加交易伙伴固然重要，但是不做分包而改做总包未必是最好的选择。

▶起码要有"购买频率"的观念

假如现在有一家员工人数为 10 人的信息系统公司，这家公司负责承接富士通（FUJITSU）及 NEC 等龙头型信息系统公司的分包工作。

那么，让这家员工总共 10 人的信息系统公司不再做大型信息系统公司的分包工作，而是自己直接从终端用户接工作做就是最好的选择吗？答案未必如此。

这是因为，终端用户购买信息系统的频率很低，无论是做销售还是后续跟进都要花费巨大的成本。

购买频率是指买某个商品的购买周期。举个简单的例子来解释，面巾纸的购买频率很高，大型彩电的购买频率很低。

再回到刚才的话题，几乎没有哪家企业每年都会购买信息系统。大部分企业 5 年更新一次，而有时甚至可能用10 年以上。

所以，如果商品的购买频率很低，如果不把交易圈扩展到全国范围，并同时增加买卖商品的种类，生意就很难维持下去。所以大型的信息系统公司在日本全国设有销售网店，并拥有数量庞大的产品种类以应对各种不同的需求。

中小型信息系统公司即便费尽千辛万苦赢来了终端用户的订单，获得下一次光顾也是好久之后的事。而跟大型信息系统公司建立交易关系的话，就有希望开展定期交易。

▶做生意的原则是打造"反复购买自己商品的顾客"！

同样的道理也适用于批发公司和贸易公司。虽然从表面上看，批发公司和贸易公司只是插到中间赚取手续费，但通过各种信息的汇总，可以定期地开展交易。

做生意的硬道理，除了之前谈到的"独立自主拓展新业务"之外，还要再加上一条，即"打造反复购买自己商品的顾客"。

就算是拓展新业务也好，瞄准的目标应该是"愿意反复购买自己商品的顾客"。就算费尽辛劳拉来了新客户，如果仅是现货购买而无法转化为定期性采购的话也没什么意义。

分包未必是坏事，这就是我想表达的意思。

一句话补充 关于特定客户的依赖度

对某特定顾客的依赖度越大，危险也就越高。如果公司销售额的30%以上都要依赖某特定顾客的话，就应该努力降低对其的依赖程度。

要 点 关于贸易公司的功能

一直以来，人们都希望批发公司、贸易公司能够发挥"信息汇总功能"、"物流功能"、"信贷功能"等等。而今后的贸易公司，还必须发挥"发布信息功能"及"市场营销功能"等。

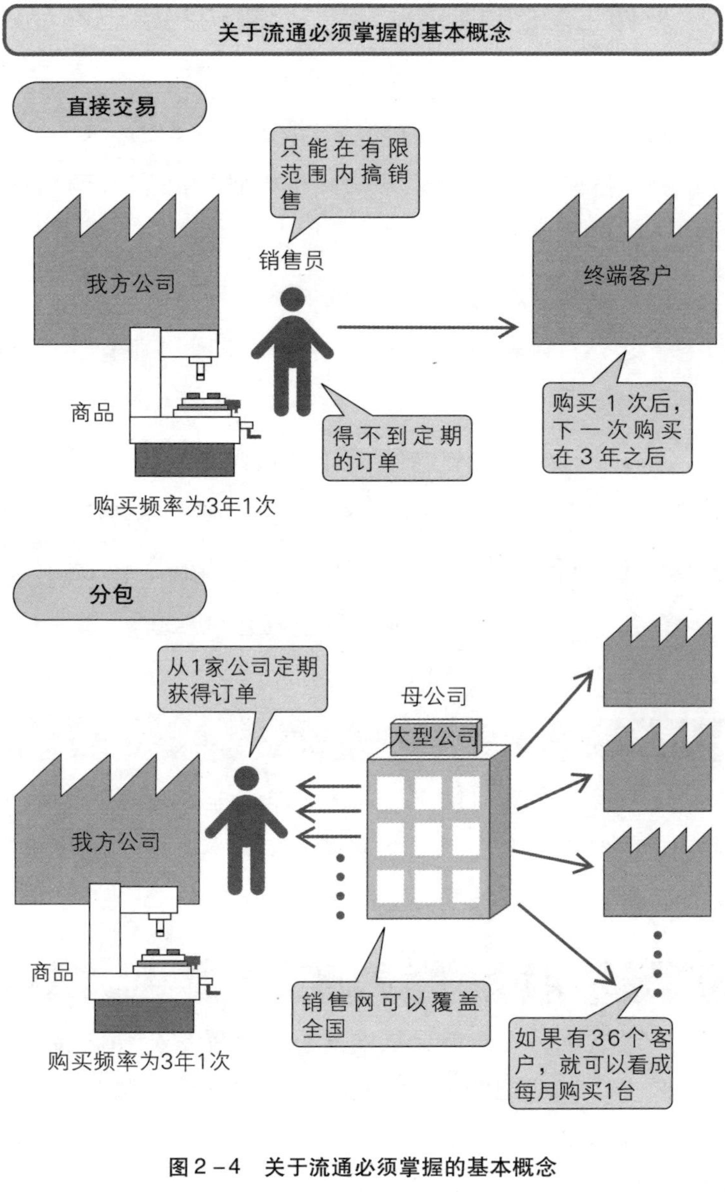

图2-4 关于流通必须掌握的基本概念

2-5 绝对不能搞错需要销售的"商品"

否则即使制作了网站或商品目录,也收不到成效

▶如果搞错了"商品",拓展新业务就绝对不可能成功!

在前面的小节中阐述了销售对象,而实际上"商品"比销售对象更重要,如果弄不清楚"商品"是什么,就绝对不可能成功拓展新业务。

比如拿笔者来说,是这么要求自己的——在承接企业顾问工作之前先要提供免费的企业管理咨询,从中只承接有希望成功的案子。

有很多客户跑到笔者这里来,提出想卖这种或那种商品,其中有相当多的专家级的创意商品。然而所谓的创意商品,有很多是用于相当专业的途径,不但目标用户非常有限,而且如上一小节所述,"购买频率"明显偏低。

我们在评估一件商品时,重视以下两个因素:

① 该商品的市场规模

② 该商品的购买频率

首先,市场规模过小的商品做不成买卖。这是因为购买者的绝对数量太少。一般来说,如果是大型企业的话,必须买卖市场规模超过 1000 亿日元的商品,中型企业也必须买卖市场规模超过 100 亿日元以上的商品。

市场规模小于 100 亿日元的商品是缝隙商品,应该看

成不容易卖出去的商品。

再来看购买频率，如果一件商品的购买频率越高，就可以看作越容易卖出去。比如，无论是 T 恤衫还是和服，市场规模同样是 4000 亿 ~ 5000 亿日元，但要论哪个更好卖，还是 T 恤衫。这是因为 T 恤衫的购买频率高，和服的购买频率低。

假如公司的"主力商品"是"不好卖的商品"，即"市场规模小"或者"购买频率低"，那么基本上可以认为，只靠这一件商品拓展新业务是很困难的。

▶拓展新业务必须有"用于拓展新业务"的商品

也就是说，要想让拓展新业务成功，公司除了要有"主力商品"之外，还必须准备"用于拓展新业务"的商品。作为一件理想的"用于拓展新业务"的商品，除了上文所述的两点之外，

（1）能看得到一定的市场规模

（2）购买频率具有一定水平

还必须具备第三点：

（3）能以某种方式创造出差异性

满足上述条件的"用于拓展新业务"的商品，又被称为"集客商品"或者"敲门砖"。

比如在第 1 章的案例中为各位读者介绍的 K·Machine，该公司把美国生产的测量仪器定位为"集客商品"。这里笔者不作详述，但相对于日本国内公司生产的同类商

拓展新业务的成功最终取决于"商品"

评价商品的要点

1 市场规模
市场规模过小的商品做不成生意

2 购买频率
购买频率越高的商品卖得越好

换言之,"市场规模"越大、"购买频率"越高的商品越容
易卖出去

适合拓展新业务的商品特点

1 能看到一定的市场规模
2 有一定程度的购买频率
3 能以某种方式创造差异性

满足以上条件的"用于拓展新业务"的商品被称为"集客商品"
或"敲门砖"

图2-5 拓展新业务的成功最终取决于"商品"

品，该商品具有差异性。

▶商品开发才是企业管理最重要的课题！

如上所述，在拓展新业务时，"商品"发挥着极其重要的作用。

除了上述的"主力商品"和"集客商品"之外，还有一种"补充商品"，目的在于丰富产品的种类结构。而制定"商品战略"，也就是分析如何把自己公司的商品分成"主力商品"、"集客商品"和"补充商品"。

在第 1 章中，笔者举了美国 3M 公司非常重视新商品开发的例子。新商品的开发对于企业管理而言应该是最重要的课题。不仅如此，在开发新商品时，还必须引入"主力商品"、"集客商品"和"补充商品"的概念。

这样做没问题！ **缝隙商品的销售对象**

即使是市场规模小的商品（即缝隙商品），只要销售对象明确，能预见到最低程度的购买频率，就可以当成做生意的对象。在此，事先做好市场调查是非常重要的。

一句话补充 **首先明确拳头商品！**

所谓拳头商品，就是在自己公司的生意圈内或者在行业里有绝对竞争力的商品。安排产品的结构时应该以利润或者集客方面的拳头商品为中心进行。

2–6 建立一个"让商品有销路的机制"

什么是市场营销的基本要素

▶说到底，市场营销到底是什么？

其实在前面几小节中笔者所谈到的，都是所谓的"市场营销"方面的话题。用一句话来概括，市场营销就是去思考怎样建立一个"让商品卖得出去的体制"。

作为思考这一问题的框架，有一种称为"4P 营销理论"的观点。即，

① 产品（Product）

② 价格（Price）

③ 渠道（Place）

④ 促销（Promotion）

以上 4 个以 P 开头的词均是思考营销问题时必不可少的组成要素。这 4 个要素按照重要程度依次排列。

首先看①产品。"产品"是纯粹处于制作完成状态的物品，给它制定价格、命名并包装成可以销售的形态后，将其称为"商品"。也就是说，"产品"是"商品"的出发点。

在上一小节中笔者曾阐述过，如果搞错了"卖什么"，不但做生意完全收不到成效，而且也赚不到钱。"卖什么"是最重要的。

然后再看②价格。比如，前一小节所说的"集客商品"，就应该把价格定得相对较低，而"主力商品"则要谨慎，不要轻易贱卖。思考这个问题，实际就是在制订"商品战略"。此外，经济景气的时候价格定得高点应该也能卖得出去，但遇到不景气时，必须把景气时所定的价格降低 3 ~ 5 成。

再看③渠道。渠道也就是指"流通"，即如何选择流通的方式，比如是直销还是经由批发商，或者是与零售商进行直接交易等等。

最后看④促销。促销是指通过怎样的手段（如网站、传真直邮、夹页广告单等），如何进行销售。网站或传真直邮的设计等也属于促销的一部分。

所以在这里希望各位读者理解，比起"怎么卖"，"卖什么"、"卖多少钱"更为重要。

▶销售与市场营销的不同

如上所述，市场营销也可以把重要的内容分解成一个个要素，沿着框架分析就简单得多。不过笔者在之前的小节中也曾讲过，"市场营销"相对于"销售"而言，需要更深层次的假说。这里所说的假说是指洞察市场需要什么。为了得出正确的假说，必须以事实为基础，站在客观的立场上分析，同时还需要以中长远的时间跨度去思考。

市场营销的基本概念

什么是市场营销

市场营销等于思考"让商品卖得出去的机制"

作为思考框架，以下列举的"4P 营销理论"非常重要

❶ 产品（Product）　　**❸** 渠道（Place）

❷ 价格（Price）　　　**❹** 促销（Promotion）

换言之，市场营销也是对以上"4P"进行不断优化的行为

什么是商品战略

商品战略指根据以下定义对自己公司的商品进行分类

❶ 集客商品

以集揽顾客为目的的商品。要以某种形式实现差异性，比如把购买频率高的商品的价格定得更实惠等

❷ 主力商品

以获取收益为目的的商品。此类商品必须是公司收益的支柱，原则上不能随便降价

❸ 补充商品

销售主力商品或集客商品时以丰富产品种类结构为目的的商品

图 2-6　市场营销的基本概念

然而销售在大多数情况下追求的是短期利益，不擅于建立假说。这是因为，实际上即使不建立假说，反正先去找客户，也总能有着落。我们能看到社会上随处可见"奉旨办公"的销售员，这也恰恰证明了上面的观点。

▶营销能力决定了公司业绩

也就是说，市场营销不能交给销售去做。这也意味着拓展新业务不能交给销售负责。笔者在第 1 章曾阐述过，在当今的时代，"新业务拓展力"是企业竞争力的源泉，而现在恰好已进入了营销能力决定公司业绩的时代。建立正确的假说，判断市场需要什么，在此基础上建立让商品卖得出去的机制，才是企业管理最重要的课题。

名词解释　市场营销的目的

营销学大家菲利普·科特勒（Philip Kotler）教授把市场营销的最终目的定义为"不靠销售，商品照样卖得出去"，换句话说就是"消除销售"。

Stop!　切勿轻信问卷调查

有太多失败的案例起因于企业直接把顾客的调查问卷结果反映进了商品。因为客户未必清楚自身的需求。说到底，最重要的是企业提出的"假说"。

2-7 如何找到不战即胜的市场

自己创造一个"非竞争市场"！

►最赚钱的是当"老大"的公司和商品

在上一节中，为各位读者介绍了营销的一般理论。在此我们把市场营销定义为**"寻找可以让自己公司当老大的市场或者商品"**。

为什么当"老大"最重要？这是因为"老大"是最赚钱的。而说到底，做不到第一名，就不能让顾客记住自己。

例如在日本，最高的山是"富士山"。这是每个日本人都知道的。但要问日本人第二高的山是哪座，恐怕几乎没有人答得上来。

这就是第一与第二之间的差距。

►公司小也要争当老大！——"量力而行的第一"式理念

笔者在提供咨询服务时，还会主张"量力而行当老大"的理念，即**"以符合公司的经营资源的形式争当第一"**。

例如，中小型企业要想与龙头型企业对抗，就要把生意圈子或者商品类别缩小到自己能够成为"第一"的层次上。

例如有家公司，虽然仅在某地区内销售电器，却比大型量贩店获取了更高额的收益。这家电器商店虽然价格比大型量贩店高，但却非常深入地扎根当地，提供免费送货和免费安装的服务。而且只要购买的商品出了故障，公司马上就会派员工赶过来修理。也就是说，这家公司在自己力所能及的范围内缩小生意圈子，在这一范围内力争成为"老大"。

此外，还有很多企业通过限定商品类别，实现了比大型企业更高的收益性。比如说铃木（SUZUKI）专门生产超低排量微型车，优衣库（UNIQLO）专门生产休闲服装等等，都可以看作是典型案例。

再举一个例子，某个地区有一家店铺面积 6500 平方米左右的五金店，而在它的附近有一家店铺面积超过 33000 米的全国连锁家居用品中心。按常理讲，这家五金商店应该很难经营下去，然而实际上却有不少顾客光临。

究其原因，那家全国连锁大型家居用品中心销售的商品种类较为综合，而这家五金店则专门销售专家级的工具和建筑材料等。所以专业的技师购买一般性商品时去家居用品中心，而需要购买专业商品时则选择这家五金店。

从结果上来看，针对全国连锁的大型家具用品公司，这家五金商店恰恰采取了一种可以称之为"小型鲨鱼战略"的策略。可以说，像这家公司一样，选择与大型公司"共存"而不是"竞争"，这才是最好的策略。

自己创造"非竞争市场"

最赚钱的是当"老大"的公司和商品

必须寻找自己公司能够成为第一的"商品"或"市场"

1 第一名赚的钱最多

2 不是第一名，别人记不住

3 第一名与第二名的差距，比第二名与第一百名的差距还要大

中小企业如何成为第一

公司把"生意圈子"或"商品类别"控制到自己能够成为第一的
层次上

"量力而行的第一"式理念

如何找到"不战而胜"的市场

1 限制"生意圈子"

2 限制"商品类别"

3 占据（采取）与竞争对手完全相反的位置（策略）

图 2-7　自己创造"非竞争市场"

▶不战即胜才是最好的战略

如上所述，寻找自己公司可以"不战即胜"的市场或者商品，换句话说，定义自己公司的市场领域正是营销的目的。

寻找可以"不战即胜"的市场领域有以下 3 种方法：

① 限定交易区域

② 限定商品类别

③ 占据与竞争相反的位置

通过方法③成功的代表性企业是 MOS 汉堡（MOS BURGER），该企业采取了与麦当劳完全相反的概念，取得了成功。

笔者将方法③的战略称为"辩证式方法"，这就好像是针对某个"命题"（正），取它的"逆命题"（反）。在下一小节，笔者将为大家介绍一个采取"辩证式方法"取得成功的真实案例。

名词解释 辩证法

德国哲学家黑格尔提出的历史观。对于任何事物总有正反两种观点成立，二者相互作用，又产生出新的概念，此过程循环往复、周而复始。

案例　灵活运用批发渠道的品牌战略

新潟精机如何创造新市场

▶投入怎样的新商品？

新潟精机拥有 160 名员工，是生产销售测量工具和 DIY 产品的公司。测量工具是指用于测量工厂生产出的各种产品的尺寸的仪器。新潟精机的测量工具部门专门负责生产一种用于测量孔的精密度的，名为"针规"的工具，在日本国内的该领域占有着顶级份额。

然而，"针规"已经是完全成熟的商品，看不到新的发展。于是，对于新潟精机而言，将什么新商品投入市场并实现其发展成为了重大课题。

▶如何创造与行业龙头之间的差异性

其实，测量工具的典型代表是"游标卡尺"、"测微计"等测量长度的工具。而相对于这些工具，新潟精机一直以来只生产"针规"这种特殊领域的测量工具。这么做的理由是，在该领域存在一家行业龙头型公司，掌握着日本国内市场 70% 以上的份额。

笔者在为该公司担任咨询顾问时，提议他们以代工生产的方式扩大产品结构，并编写能够成为工厂标准的综合商品目录，而问题的关键在于如何创造与行业龙头之间的差异性。

然而，在通过上一小节所述的辩证式方法展开调查分析的过程中，笔者发现似乎有可能制订出一个与行业龙头相抗衡的战略。

解决问题的线索来源于这样一个情况：工厂的测量工作分为两种，一种是测量制造出来的产品本身（in – line 领域），另一种是在构建工厂生产线或铺设管道等时，即为辅助生产而进行保养或维修时进行测量（out – line 领域）。

占市场份额 70% 的行业龙头的产品结构明显是以 in – line 为对象。于是该公司在布置商品阵容时，以 out – line 为对象，编写出了容量不逊色于龙头企业的综合目录。

▶新潟精机做出的努力及其成果

接下来，新潟精机以发行该综合目录为契机，开展了积极的促销活动。过去，该公司的销售一直依靠以批发为中心的流通渠道，而这次则采取了直接对终端用户宣传的促销方式。

该公司的具体做法有以下几条：

① 建立网站"测量工具 . com"

② 投入巡回宣传车

③ 积极参加各类展览会

④ 发行技术指南手册

⑤ 定期发行企业通讯（宣传单）

特别是该公司制作的综合商品手册受到了极大的欢

迎，当在以技术人员为读者的电子邮件杂志上打出该广告后，一个星期内就收到了超过 200 桩咨询。而且，面向机械工具品店发送了 1000 份传真直邮广告后，竟然达到了接近 50% 的回复率。

这一结果使新潟精机在测量工具领域成功开辟了新的市场，并顺利走上了发展轨道。特别是在全世界范围的经济不景气当中，以及生产资料生产厂家的销售额接连减半的状态下，新成立的 out – line 测量工具领域的销售额与上一年相比仍维持了同等水平。

由此也可以这么认为，一个行业里的龙头企业越是拥有绝对优势的市场份额，这个行业里就存在越多的机会。因为只要用辩证式方法找到该巨头企业的逆命题，创造新的市场领域，就等于找到了机会。

一句话补充　向终端用户促销

即使实际销售时要通过批发公司或贸易公司，在宣传信息时也应该直接面向终端用户。促销的路径和实际的销售路径应该分开来考虑。

Good!　巡回宣传车效果明显！

巡回宣传车可以把商品带到客户眼前，与仅靠商品目录进行宣传的方法相比，每次都可以获得巨大的效果。不管是什么商品，能拿在手上观看就是巨大的优势。

灵活运用批发渠道的品牌战略

◆ **营销方面的努力**

· 以开创测量工具的"out-line领域"这一新市场为目的，编写出能成为行业标准的商品目录，让传统的批发贸易公司有活力；并通过实施市场营销直接把信息发送给销售店和用户。
· 作为新的促销活动，采用①网站、②巡回宣传车、③展览会、④技术手册、⑤企业通讯（宣传单）等，实施交叉营销。

◆ **成果**

· 5年内测量工具部门的营业额翻倍？
· 在市场状况恶化的今天，与去年相比仍然保持正增长。

综合商品目录　　　　　　网站"测量工具.com"

公司每月发行宣传单，投递给有望客户和客户

图2-8　灵活运用批发渠道的品牌战略

专栏 2

> ▷要认识到销售工作的艰难

销售可以说是所有职业类型里最难做的工作。实际分配工作时，比如柜台销售或是餐饮店的服务员，都可以让小时工或非正式工来做，而几乎没有哪家公司敢把销售的工作交给小时工或非正式工。

这是因为培养一个销售员需要花费相当多的时间和巨大的成本，所以企业要录用正式员工，从长远出发对其进行培训。

而且，大多数中小型企业的业务都要依靠大型企业的转包。这是因为他们供养不起自己专属的销售队伍。比如，即使公司通过社会招聘等方式雇请到了有销售经验的人，这些人也很难成为具有战斗力的销售员。总之要花费大量的时间。所以就结果来说，一个拥有将近 100 名员工的公司，能在真正意义上搞销售的只有老总一个人——这样的例子绝不稀奇。

在有些行业，要想成为一个独当一面的销售员，需要花上 10 年时间。越是身处这样的行业，笔者越希望各位读者能推行本书所介绍的新业务拓展的"机制化"，最大限度地发挥宝贵的销售能力。而做到了这一点，在无形之中也就如第 1 章所阐述的一样，不但公司的环境将得以改变，销售人员自身也会不断成长。

第 3 章　如何把网站培养成最强悍的销售员

3-1 明确网站的目的！

"用于介绍公司"和"用于集客"的功能完全不同

▶仅靠"用于介绍公司的网站"集揽不到顾客！

在今天这个时代，在拓展新业务、从新客户手中获得订单时，我们已经离不开网站。希望各位读者认识到网站所具有的重要意义。

然而，每当笔者强调网站的重要性时，总有很多人会说"我们公司也建了网站，但是一年的客户咨询也寥寥无几"。也就说，靠网站根本接不到活儿。

确实，不少公司所建立的"用于介绍公司的网站"是很难拉来客户的。要想集揽顾客，必须成立"用于集客的网站"。

▶网站的3个基本类型

在这里，笔者想向各位读者说明网站的 3 个基本类型。

根据目的不同，网站可分为以下 3 种类型：

① 企业网站……介绍公司

② 线上销售网站……销售商品

③ 解决方案网站……集揽有望客户

企业网站即为以介绍自己公司为目的的网站。大多数公司所建立的网站都属于企业网站。

线上销售网站是具备在网上集揽有望客户，进而完成销售环节功能的网站。如果商品在销售时无需每次更改规格（例如书籍、CD、DVD等），则可以通过网站的形式进行销售。

然而住房、电脑系统以及工厂中专业使用的工业机械等商品，生产前必须就其规格进行商议。这一类商品无法在网站上销售。

这时候就需要建立解决方案网站。

▶什么是解决方案网站

解决方案网站，顾名思义，就是发布关于解决方案（solution）信息的网站。

例如近几年来，"特殊燃料"这一领域在节能方面受到关注。特殊燃料包括生物燃料及可再生燃料等，是取代传统的石油、煤油、柴油等一般燃料而使用的燃料的总称。

在搜索引擎日本雅虎或谷歌输入"特殊燃料"进行检索，顶端会出现"特殊燃料.com"这一网站。

这就是一个解决方案网站。

打开"特殊燃料.com"，可以看到该网站提供了"什

> **网站的3个基本类型**

网站名称		目的
① 企业网站	▶	介绍公司
② 线上销售网站	▶	销售商品
③ 解决方案网站	▶	集揽有望客户

- 网站可分为以上3个基本类型
- 有必要根据不同的目的而同时建立多个网站
- 拓展新业务时必须具备"解决方案网站"

> **解决方案网站的特征**

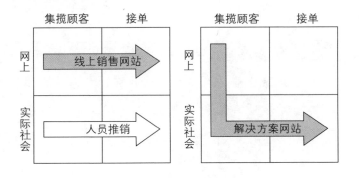

图3-1 网站的3个基本类型

么是特殊燃料"、"特殊燃料的相关法律"等有关特殊燃料的多方面的信息。

假设在某间工厂，上司对有关负责人做了如下指示："为了以后降低成本、保护环境，你马上去调查一下应该怎么使用特殊燃料。"这样这个负责人首先要知道特殊燃料是什么，所以他首先应该会在雅虎或谷歌上输入关键词"特殊燃料"并进行搜索。于是在浏览过"特殊燃料.com"这个网站后，该负责人的问题"什么是特殊燃料"就得到了解决。如上所示，在某个专业领域提供解决方案的相关信息的网站，就叫做解决方案网站。

一句话补充 解决方案网站的别称

解决方案网站是以集揽客户为目的的网站，所以也被称为"集客网站"或者"营销网站"。无论称呼如何，此类网站的目的均在于获得询盘。

名词解释 卫星网站（satellite site）

一个公司除企业网站之外的网站（比如解决方案网站等），就好像是环绕着行星的卫星一样，所以又总称为"卫星网站"。

3-2 通过解决方案网站增加询盘数量

"不上门推销的推销员"怎样发挥效力

▶正因为"不上门推销"，所以才能获得询盘

那么，为什么可以通过解决方案网站来获取顾客的询盘呢？在这里，继续以前一小节的解决方案网站——"特殊燃料.com"为例进行说明。这个网站由一家叫做高砂工程（Takasago – ENG）的公司运营。

除了"特殊燃料.com"之外，该公司还运营另一个解决方案网站，"燃烧机.com"。"燃烧机.com"自成立起，在大约4年时间里获得了至少超过10亿日元的订单。而4年前该公司的年销售额为2亿日元，相信各位读者也能体会到解决方案网站的强大力量。

虽然"特殊燃料.com"网站才刚建成几个月，但已经接到了好几宗测试请求，该公司的燃烧测试中心接下来的半年日程已经被预约排得满满的。而且提出测试申请的公司中还包括了大型电力公司。

无论是"特殊染料.com"还是"燃烧机.com"，该公司最终想销售的都是工业用的燃烧设备。但是这两家网站丝毫也没有进行主动推销。然而尽管如此，还真会有顾客前来询盘。

这是因为，如论是"由人进行销售"，还是"由网站进行销售"，销售的本质是不变的。而销售的关键在于

"自己绝不主动上门推销"。上门推销会招来顾客的厌恶，所以决不能主动兜售自己。

例如，在销售活动中，跟顾客谈买卖时要遵循以下几个步骤：

第 1 步：消除顾客的警惕心

第 2 步：列举顾客可以得到的好处

第 3 步：向顾客提问

不要主动推销，而应该向顾客提出问题——"这种商品能帮上贵公司的忙吗"，然后让顾客自己思考，这才是做销售的硬道理。而这一道理是同样适用于网上销售的。

▶通过解决方案网站提升公司形象

不仅如此，建立解决方案网站还有助于提高公司的权威。

比如，上文中提到的工业用燃烧设备，平均单价在 500 万日元上下，而价格高每套则要超过 1 亿日元。当顾客向以往从未有过贸易往来的公司订购如此高额的商品时，就需要该公司具有相当的诚信度和可靠度。

这时候，如果对方是一家运营有诸如"燃烧机 . com"或"特殊燃料 . com"等解决方案网站的公司，情况又会怎样？就算该公司是中小企业或者小微企业，也会得到顾客的信任。

解决方案网站实例：特殊燃料.com

图3-2 解决方案网站实例

所以就笔者的经验而言，无论公司规模有多小，哪怕是拿车库当厂房的企业也不需要担心。因为解决方案网站可以弥补规模上的不足，并且创造出更大的信任与信赖。

▶礼尚往来原则

此外还有一点，这个世上什么事情都讲究"礼尚往来"。也就是说，自己先提供给对方东西后，就能从对方那里获得相应的东西。而自己主动"上门推销"，只能算是一味的索取。所以做不成正经的生意也在情理之中。

解决方案网站的第一步开始于向顾客提供"信息"。或者免费向顾客提供指南手册。

也就是说首先自己要"奉献"。接下来在时机合适时，就可以期待"索取"的到来。

做买卖的硬道理是"礼尚往来"。而拓展新业务的硬道理也是相同的。

名词解释　多入口（multi – entrance）

一家企业根据目的不同开设多个网站，叫做"multi – entrance"。也就是拥有"多个入口"的意思。

要　点　发布信息的目的是什么？

开展销售活动时，"发布信息"的目的绝对不在于兜售某件商品。通过向顾客提问后仔细倾听，以此掌握客户的需求，这才是"发布信息"的目的。

Good! 建立可以和大企业媲美的网站

在销售方面，企业给人的印象非常重要，甚至超乎了你的想象。通过网站，中小企业也可以建立比大企业更为良好的企业形象。让我们努力作好网站吧！

3-3 如何建立一个拿得到订单的网站？

打造"叫好又叫座"的解决方案网站的要领

▶解决方案网站的好坏取决于标题！

网站能够拉来订单，可以称作是"最强的销售员"。那么，制作这样的网站时需要注意哪些问题呢？

下面是一条关于拿到订单的公式：

接单金额＝平均单价×有望客户人数×签约率

"平均单价"取决于公司现在的商品状况。接下来由"有望客户人数"和"签约率"决定总接单金额。签约率通常可以考虑为 30% 左右。

也就是说，设计解决方案网站的重点在于"如何更多数量地集揽签约可能性高的顾客（即有望客户）"。

成立解决方案网站，集中更多的有望客户，需要掌握以下几个要领：

① 网站的标题
② 网站的首页设计
③ 网站的内容

④ 具备"集客钓钩"

⑤ 搜索引擎对策

首先，最为重要的是网站的标题。为什么企业网站集揽不到顾客，而解决方案网站有顾客浏览，首先就是因为网站的标题不同。再拿上文的高砂工程为例，该公司在成立"燃烧机.com"之前，一年只能收到寥寥几件客户问询。

无论网页做得多么气派，只要网站的标题没把集客考虑进来，就不能指望获得客户的询盘。考虑网站标题时，要注意以下两点：

（1）公司的业务对象是缝隙领域（例如：燃烧机）的商品时，可以用一般名词作标题（例如：燃烧机.com）

（2）公司的业务对象是一般领域（例如：传送带）的商品时，最好用一般名词＋动词作标题（例如：传送带设计.com）

▶网站成功的9成靠首页

除此之外，对于网站而言，首页的设计至关重要。一般认为，"网站的成功与否，90%取决于首页"。设计首页时有两条大原则，分别称为"Z定律"和"F定律"。"Z定律"如本小节附图所示，人的视线是沿着Z字的方向移动的。在此基础上，设计网站时还必须意识到视线的F型移动走向。在排列图片或决定需要引起浏览者特别关注的部分时，需要意识到上述移动视线的方式。

例如上一小节的附图"特殊燃料.com"，该网页就把免费手册"好礼大派送"的字句放在了最容易映入浏览者眼帘的位置。

▶ "向谁"传达"什么"必须一目了然！

据说当人们第一次浏览某个网站时，会在 7 秒钟之内判断出这个网站对自己有用还是没用。

也就是说，一个网站的首页必须让第一次浏览它的人在几秒钟的时间内理解这个网站想面向"什么人"传达"什么信息"。

不仅如此，首页同时还必须告诉浏览网站的人，本网站能发挥怎样的作用。所以，"免费赠送手册"的字句必须摆放在最醒目的位置。而且这些关键的内容必须放在不需要滑动网页就会映入眼帘的地方。

Good! **参考其他公司**

制作网站时，事先寻找可供参考的网站并向其学习（benchmarking），就能做出更好的网站。

一句话补充 **"Z 定律"与"F 定律"**

"Z 定律"最开始应用于制作活页广告和直邮广告。"F 定律"的诞生是因为网站的基本结构呈 F 字形。

企业打造成功网站的要领

制作解决方案网站的5个要领

1 网站的标题

2 网站的首页设计

3 网站的内容

4 具备"集客钓钩"

5 搜索引擎对策

● 其中最重要的是"标题"和"首页"

● 首页设计必须让浏览者在几秒钟内理解该网站想向"谁"
传达"什么信息"

● 网站的成功与否有90%取决于首页

Z定律与F定律

Z定律

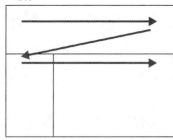

F定律

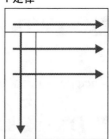

图3-3 企业打造成功网站的要领

3-4 解决方案网站需要什么内容?

只要掌握以下几点,谁都可以制作解决方案网站!

▶首先要发布对顾客有益的信息!

本小节将为各位读者介绍网站首页放置的各项内容。解决方案网站最起码必须具备以下 4 项内容:

① 有助于解决问题的信息

② 免费手册等集揽顾客的"钓钩"

③ 案例

④ 可以链接到自己公司的广告条

首先,有助于解决问题的信息包括对关键词的定义或者改进改良的技巧等。以之前几个小节所举的"特殊燃料.com"为例,关于特殊燃料的定义等信息,明显是搜索信息的浏览者想要知道的。

"制御盘(即为中文的"配电柜"——译者注).com"同样也是一个解决方案网站的成功案例。在这个网站上,简明扼要地介绍了制造更优良的配电柜的关键点。比如把电源灯产生热量的组件放在配电柜上面,以及接线电缆的正确的捆扎方法等等。

首先,类似于上述有助于解决问题的信息至少要登载 7 条以上。之所以强调 7 条,是因为超过 7 条时,会给浏览者留下信息量很大的印象。相反,等于或小于 6 条信息则给人空洞匮乏的感觉。由于数字"7"具有这一特性,所以也称之为"魔法数字7"。

以上原则不仅适用于有助于解决问题的信息,包括具体案例在内,只要是想给人留下"内容丰富"印象的内容,都可以加以运用。

▶免费手册是吸引顾客的理想"钓钩"

除了上述对顾客有用的信息之外,"集客钓钩"是解决方案网站必不可少的内容,比如免费指南手册就是典型代表。

这种免费手册必须竭尽全力排除自身"推销宣传"的色彩,在真正意义上起到帮助顾客的作用。

比如,"钻头"作为每个工厂都要用到的代表性作业工具。此时如果把免费手册的标题定为《使用最新发售的〇〇式高性能钻头节约成本的要点》,作为"集客钓钩"的效果就不会很明显。所以,必须把上述题目改为《怎么用钻头才不会出错》或者《正确选择钻头及设置条件的要点》,这样无论使用哪家厂商的商品,指南手册的内容都能对顾客起到帮助作用。

免费手册之所以是一个有效的"集客钓钩",是因为手册让人联想到了书籍,这样有利于树立公司的权威。特别是在进行新业务的销售活动时,让自己公司看起来像是该行业的权威非常关键。在这一点上,免费指南手册可以称得上是极其有效的方法。

解决方案网站的设计要点

解决方案网站最起码需要具备的内容

1 有助于解决问题的信息

2 免费手册等集揽顾客的"钓钩"

3 案例

4 可以链接到自己公司的广告条

图3-4 解决方案网站的设计要点

▶案例最好写成前后对比的形式！

如上文所述，在解决方案网站上不能进行丝毫的"自我推销"。但网站上唯一有一块区域可以向顾客宣传自己公司的商品，这就是"案例"部分。

客户在对某公司下订单时最为看重的就是该公司的"业绩"。而"案例"则在无形中告诉浏览者，我们的公司在该方面做出了成绩，并有足够的能力满足客户提出的要求。

在展示案例时，最有效的做法是采取前后对比的形式。比如以上文所举的钻头为例，假设普通钻头一分钟只能钻3个洞（前），而如果应用本公司的钻头，1分钟开出了6个洞（后）。这就是典型的以前后对比的形式展示案例的方法。

一句话补充　多多搜集案例

作为销售工具，没有其他手段比案例更为强力有效。特别是如果公司商品是在接到顾客订单后从头到尾独家制造的，更应该在生产的每个步骤拍摄照片或保存为视频。

Stop!　违法保密义务，公开案例

公开案例时，作为底线，一定不能超出与客户之间的保密义务的范围。假如不适宜拍摄照片，必须用其他方法取代，例如简化成插图的形式等等。

参考

> ▷ **"不去推销反而大卖"的经典案例**

本章第 4 小节所提到的"制御盘 .com"作为一个解决方案网站同样获得了巨大的成功。该网站平均每天有 1～2 家公司向其索要相关资料，并且以客户访问该网站为契机，该公司成功与多家日本的龙头企业建立了生意。运营该网站的三笠制作所制定的通过运用该网站新业务拓展战略，在 4 年时间里成功把销售额提高到了最初的 5 倍（详情请参阅第 4 章案例）。

"制御盘 .com"发行了 2 本手册作为集客"钓钩"，分别是《延长设备的使用寿命，提高维修性制御盘·电装指南》和《降低设备维修成本！！设备业必读之预防维护导入手册》。

前者通过前后对比的形式归纳了"如何以较低成本生产优良配电柜"的要点；后者介绍了"如何使用配电柜切实做好设备维护"。不管怎样，网站内容的要点不在于"纯粹向顾客兜售"，而在于站在客户立场上，向其提供"有利的信息"。虽然在该网站上没有进行丝毫的推销宣传，但浏览者们除了索要手册外，还以电话和传真等形式发来具体的咨询。这一经典案例很好地告诉我们，不去兜售反而卖得更好。

制御盘.com首页
http://www.seigyobann.com/

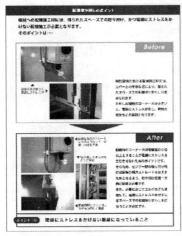

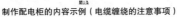

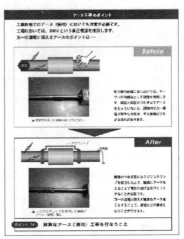

制作配电柜的内容示例（电缆缠绕的注意事项）　　制作配电柜的内容示例（接地线的注意事项）

图3-5　成功网站案例

3-5 如何让公司的网站出现在搜索栏前列

网站不出现在第一页就没有任何意义!

▶为什么强调必须要出现在第一页

对于解决方案网站而言,网站名称是否出现在搜索结果的第一页可以说是事关生死的问题。

本书所提到的搜索引擎具体指"雅虎"和"谷歌"。基本上可以认为这两个搜索引擎覆盖了90%以上的网络用户。特别是在日本,据说"雅虎"用户超过了网民的半数。

也就是说,在"雅虎"或者"谷歌"上输入关键词进行搜索时,自己公司的解决方案网站至少要出现在第一页,否则肯定不会达到满意的效果。

根据某项调查显示,大多数人利用网络查找信息时,最多也不会翻看第3页以后的内容。而且,即便是显示在第一页的信息,人们最有可能点击的当然也是出现在第一位的网站。所以既然要建立解决方案网站,总之一定要使其出现在第一页尽可能靠前的位置。

以上的方式称为 SEO 处理。SEO 是"Search Engine Optimization"的简称,意为"搜索引擎优化"。所以说,要想建造一个可以有效集揽顾客的网站,采取 SEO 方面的相关措施是必不可少的。

▶SEO 处理的要点

一提到 SEO 处理，对网络不太熟悉的人往往会觉得"SEO 看上去很难"，或者担心"会不会花很多钱"。然而实际上，在施行 SEO 时真正需要落实的只有以下 5 点：

① 在 meta 标签输入关键词和想显示在搜索引擎上的词

② 在首页上以文本形式输入关键词

③ 粘贴链接，特别是要粘贴从其他网站进入自己网站的链接

④ 进行最低限度（每月 1 次）的更新

⑤ 打 PPC 广告

以上提到的"关键词"指想让用户搜索的特定语句，比如对于"特殊燃料.com"而言，"特殊燃料"就是关键词。详细解释请参见本小节附图，这里所举的 5 个要点里，①②是必须具备的，③是特别针对谷歌有效的。

诸如健康食品或化妆品等领域，在真正意义上在网上的竞争非常激烈，需要另当别论。而除此之外的大多数行业领域，只要做到上述级别的 SEO 处理就足够了。此外，网站的更新当然是越及时越有利，但是一般性的行业领域只需要每月更新 1 次左右就足够了。采取上述最低程度的 SEO 处理是起码要保证的，而更重要的是打 PPC 广告。通

如何显示在搜索引擎的前列

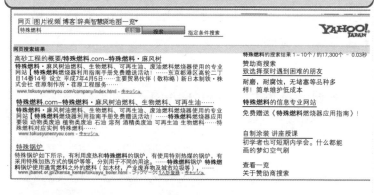

meta标签

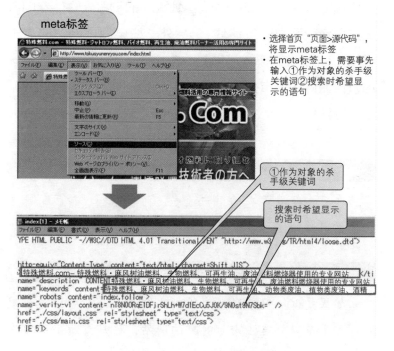

- 选择首页"页面>源代码"，将显示meta标签
- 在meta标签上，需要事先输入①作为对象的杀手级关键词②搜索时希望显示的语句

①作为对象的杀手级关键词

搜索时希望显示的语句

图3-6　如何显示在搜索引擎的前列

过打 PPC 广告（关于 PPC 广告将在下一小节进行详细说明），可以增加用户对公司网站的点击量，在结果上有助于提高自己的排名。

▶显示在网页前列的标准是什么?

搜索引擎决定网站的排列顺序的标准在于该网站的"信任度"。"信任度"通过对该网站的点击量判断。也就是说，搜索引擎认为点击量（被浏览数量）越大的网站，其信赖度越高（有一种叫做"蜘蛛"的机器人软件专门游走在搜索引擎内进行评估）。另外，如果两个网站的点击量相同，信任度则取决于该网站由谁运营。将按照国家 > 地方自治体 > 上市公司 > 非上市大型公司 > 中小企业的顺序进行评估。

一句话补充　各个国家使用不同的搜索引擎

在日本使用雅虎的用户最多，而在中国，"百度"这一搜索引擎的使用者最多。在英语国家，谷歌用得最多。

要　点　面向法人的网站与面向消费者的网站

如果是以一般消费者为对象的网站，必须频繁进行更新；如果是以公司法人为对象的网站，每月更新 1 次左右即可。

3 - 6 PPC 广告比 SEO 更重要

起码要搞定 Overture 和 AdWords 两家！

▶什么是 PPC 广告

那么，为什么打了 PPC 广告后会增加点击量呢？首先为各位读者说明一下什么是 PPC 广告。

本小节的图 3 - 7 列举了 PPC 的实际例子。这一部分乍一看就像是通常的搜索引擎的表示结果，但实际上是有不同的。这块空间可以在付费后，将特定的关键词作为广告刊登出来。

这种广告每被点击 1 次要收取相应的广告费，所以被称为 "Pay Per Click（PPC）广告"。不同的关键词，每点击 1 次所收取的广告费也不相同。比如 "健康食品" 或者 "化妆品" 等大众性关键词收费较高，而前文所举的 "特殊燃料" 或者 "配电柜" 等非一般性的关键词收费就较低。

以本小节附图的 PPC 广告为例，进行了如下设置：输入 "特殊燃料" 这一关键词进行搜索时，该广告栏部分会显示出 "免费赠送《特殊燃料燃烧器应用手册》活动" 的字样。

使用 PPC 广告的好处在于，无论网站的信任度如何，只要浏览者输入特定关键词进行搜索，自己公司的网站就会显示在搜索引擎的醒目位置上。虽然是显示在广告栏里，但这块空间非常醒目，所以必然会得到用户点击。所以最终来看，不但自己公司的网站会被我们希望集揽的用户浏览，而且获得点击量本身就等于进行了 SEO 处理。

▶雅虎与谷歌的不同

雅虎和谷歌都把刊登 PPC 广告作为主要的业务项目，雅虎和谷歌分别由 Overture 和 AdWords 两家相关公司受理 PPC 广告业务。

雅虎和谷歌在搜索引擎上提供各种形式的免费服务（地图服务或换乘查询等），似乎有不少人觉得不可思议，"他们到底是通过什么获取利润的"。其实搜索引擎的运营公司的主要收入来源就是 PPC 广告。

在此顺便简单提一下雅虎和谷歌的不同之处。在日本，有三分之二的人使用雅虎。所以如果不在雅虎上刊登 PPC 广告，即使建立了网站也不会有显著效果。

谷歌与雅虎的不同之处在于，网络技巧高的人或者工作专业性强的人倾向于使用谷歌。

以销往工厂的商品为例，如果是钻孔加工机等一般性物品，利用雅虎进行搜索的较多，而与半导体有关的特殊领域的商品，则通过谷歌进行搜索的次数会多起来。不管是什么情况，PPC 广告一定要同时打在雅虎（Overture）和谷歌（AdWords）两家上。

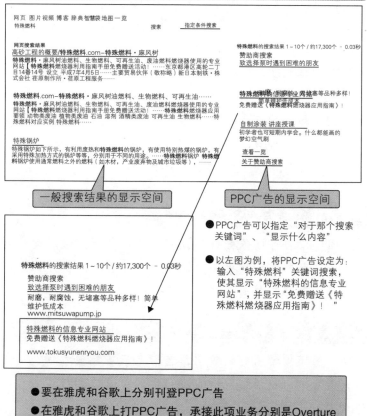

图 3－7　要在雅虎和谷歌上分别刊登 PPC 广告

▶网站评估非常重要

在进行了上述 SEO 处理并刊登了 PPC 广告后，要通过网站评估来检验采取措施后的效果，并观察出现的倾向。

网站评估是一个重要的环节，具体包括检验"利用哪个搜索引擎的搜索量更大"、"用什么关键词搜索得更多"、"对自己网站上哪些内容的访问量更大"等等事项。

要想对网站进行评估，必须在建立网站的阶段就预先设置好分析访问的功能。最近谷歌免费推出了一个名为"Google Analytics"的软件，利用率很高。

一句话补充 决定 PPC 广告的预算

PPC 广告可以预先设定预算。当超过所定预算时，可以停止刊登广告。如果关键词是工业方面的，那么 PPC 广告的预算并不需要太多。

要 点 PPC 广告也要经常优化

针对某搜索用的关键词，选择在广告栏显示什么词句会大大影响用户对该网站的访问量。所以对 PPC 广告也要经常进行优化。

3-7 交叉传媒战略可极大增加访问量

与各种促销工具组合使用，让网站的威力成倍增长！

▶什么是"交叉传媒"？

如前文所述，网站会产生强有力的效果。在此基础上采用"交叉传媒"的方法，可以成倍加强网站的威力。"交叉传媒"顾名思义，指组合了多种媒体的广告方法，具体指将网站与直邮广告、传真直邮、各种广告、商品目录等销售工具进行有机结合的方法。

例如在杂志的广告上，经常可以看到"详情请见网站"或者"请在搜索引擎上搜索"之类的字句，简单来说这些就是交叉传媒。

▶通过与广告媒体的有机结合，半天时间获得了300桩询盘！

如果利用好交叉传媒，可以大幅增加用户对自己网站的访问量。

例如有一家叫做 IPROS 的公司，运营了一个向工厂的工程师们提供技术信息的手机网站。该公司定期向全国 25 万名工程师发送电子杂志，所以我们要在这里刊登广告。因为是电子杂志，所以能刊登广告的空间非常有限。所以需要对广告进行一定的设计，把读者吸引到自己公司的网站上（即交叉传媒）。

通过利用 IPROS 和自家网站这一交叉传媒的方式，有个公司仅在半天时间内就收到了合计 300 多家用户的联系，希望索取公司的资料。而最终结果是，在其后 3 天时间里有总共 700 多家顾客要求获得公司资料。可想而知，其中有很多发展成了具体的交易谈判和下单。

如果只应用网站的话，每天最多能收到 3 桩索取资料的请求。然而通过利用 IPROS 进行交叉传媒，半天就能收到 300 桩。也就是说获得了超过 100 倍的效果。

上文所举的"IPROS"，是以特定目标为读者的媒体。这种媒体叫做缝隙媒体。这一概念与大众媒体（电视、报纸、广播）等正好相反。缝隙媒体的优势，说到底在于其良好的性价比。当以工厂为对象时可以利用 IPROS；除此之外，以富裕阶层为对象的手机网站、面向医疗机构的专业杂志、在特定地区发行的免费报纸等也可以称为缝隙媒体。

▶立足当地型企业适宜采用的交叉传媒战略

如果让传真直邮和网站交叉结合，还可以实现立足当地的网络战略。

本小节的附图列举了灵活应用传真直邮的网络战略案例。该公司通过这种方法，在运用网站的同时，获得了越来越多的来自特定地区的询盘。在附图所示的传真直邮上，"免费赠送指南手册"的字句非常吸引人的眼球。看到这份传真直邮的人会好奇这是一家什么公司，于是去访问该公司的网站。

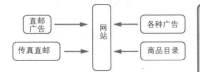

什么是交叉传媒

直邮广告 →	网站	← 各种广告
传真直邮 →		← 商品目录

● 交叉传媒是指以网站为中心，并与各种销售工具及广告媒体进行有机的结合
● 通过实行交叉传媒，可以大幅度地提高网站的访问量，还能控制访问的区域。

交叉传媒实例

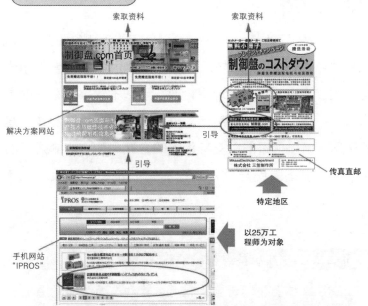

● 作为以获取特定地区的访问为目的的交叉传媒，采取传真直邮的手段。如果手头的生意减少了，就发送传真直邮，通过这种方式调整生意数量
● 作为向工程师进行宣传的交叉传媒，利用IPROS
● 通过IPROS发送的电子杂志的吸引，有的公司以半天内300桩、3天内700桩的成绩收到了客户索要资料的请求。

图 3-8　什么是交叉传媒

该公司把在自己的交易圈子（以公司总部为中心，方圆 200 公里）内的员工超过 1000 人的事业所作为销售对象，发送约 5000 份传真直邮。每当发出传真直邮后的 2 ~ 3 天左右时间里，该公司网站的访问量就会急剧增加。

而且希望获取资料的，几乎都是该公司交易圈子内的企业。

网站在某种意义上也存在弱点，那就是网站的对象范围是"整个日本"。比如说，如果某个企业仅以大阪市为交易圈子，属于立足当地型企业，那么不管来自东京的询盘再多，也很难应对。然而，传真直邮可以筛选发送信息的区域，所以如果能以交叉传媒的方式与传真直邮进行有机结合，那么即使是立足当地的企业也能够有效地利用网站。

一句话补充 把所有信息都跟网络建立联系

除了广告之外，还应该利用名片和公司发行的目录把顾客吸引到公司的网站上，提高网站的访问量。公司进行促销的核心基地在于网站。

案例 越是销售超级缝隙性的商品，运用网站越有成效

高砂工程的网站战略

▶应该如何销售超级缝隙商品？

高砂工程的总部设在东京，是一家专门生产工业用燃烧器及加热设备的工程公司。加热设备包括烧结陶瓷用的加热炉以及食品用烘干机、焚化炉等所有有关"热"的设备。

虽然这些设备中有一部分是作为标准产品进行量产的，但该公司主要从事的是接单生产定制商品。

在过去，该企业经常能收到大型环境设备生产商的订单，制造焚化炉。然而由于二恶英等问题，焚化炉本身渐渐失去了市场。与此同时，在日本国内的主要城市，焚化炉的使用也已达到了饱和。出于以上原因，大型环境设备生产商自身也很难拿到订单。于是在这样的大环境下，如何拓展新销路成了该公司的重大课题。

该公司销售商品的难处在于燃烧机是超级缝隙商品，难于筛选销售目标。而比如说焚化炉，很多工厂或地方自治体都拥有。但是燃烧机这种东西，不过是用在焚化炉等加热设备上的一个组件，所以必须推销给生产这些加热设备的厂商的设计技术人员。

制造加热设备的生产商大多是零星企业或中小型企业，没办法把销售对象整理成清单。虽然在行业内的展览会上展销商品也是一个办法，但是该行业的展览会好几年才举行1次。所以说，如何集揽有望客户是一大重要课题。

然而实际上，越是这种超级缝隙性的特殊商品，越是适合从网站上接单。

▶自从建立"燃烧机.com"后，4年时间内年销售额增长了3倍多！

事实上，该公司通过从网站上获取订单，成功取得了巨大的成效。该公司建立了解决方案网站"燃烧机.com"，并免费赠送该公司的燃烧机综合目录《燃烧机便览》，以此作为集客"钓钩"。

《燃烧机便览》厚15mm左右，是一本像模像样的全彩目录。或许也是因为燃烧机这块领域已经高度地成熟完善，同行业其他公司的目录都很繁杂费解。与其他公司不同，高砂工程的《燃烧机便览》不但简明易懂，甚至还添加了索引，能让人简单地选择机器型号。

《燃烧机便览》是配合着"燃烧机.com"同时制作的。对于该公司来说是第一次制作如此正式的商品目录，虽然在编写过程中花费了很多工夫，然而这本目录为提升该公司形象以及签订制造合同做出了巨大的贡献。

该公司在刚建立"燃烧机.com"时，年销售额为2亿

高砂工程公司于4年前成立的解决方案网站"燃烧机.com"

高砂工程公司拥有以进行各种检验为目的的测试炉，针对来自网络的询盘，进行验证测试

图3-9 高砂工程的网站战略

日元，员工也只有 6 个人。而在成立了网站的 4 年时间里，公司的业绩达到了年销售额 6 亿日元，员工也增加到了 12 人。接收的新订单的契机全部来自于"燃烧机.com"。在建立了"燃烧机.com"后该公司明白了一点：他们原本认为"燃烧机领域已经完全成熟，看不到大的发展"，然而实际上，这个领域仍然存在着很多的潜在需求。由于该领域非常成熟，而且燃烧机的制造商也在不断减少，所以用户们反而不知道燃烧机的问题应该找谁商量，不知所措。

这些情况都是在成立了"燃烧机.com"这个解决方案网站之后才知晓的。因为这件事，笔者自身也深深感受到了网络力量的强大。而现在，该公司又成立了解决方案网站"特殊燃料.com"，迈进了新的业务领域——近年来备受关注的可再生燃料、生物燃料的应用。

一句话补充 标准产品和特种制品

大型企业大多以现成的标准产品为中心进行生产，而大多数中小企业则主要接手定制的特种制品。

要　点 运用网络可以做到大海捞针！

如果依靠一般的人员推销，卖缝隙商品就好像是"大海捞针"。在开拓此类商品的用户时，如果利用网络，在网站上做文章，就能够在"大海"里捞到"针"。

专栏 3

> ▷如何选择网站制作公司

能不能找到好的网站制作公司，很大程度上决定了能否运用网站成功拓展到新业务。

选择网站制作公司时，要注意以下 3 点：

① 网站制作公司提出了合适的价格

② 具有丰富的搜索引擎措施（SEO 处理）

③ 作为个人的负责人值得信赖

关于①，制作不同种类的网站也有不同的价格。像本书所述的解决方案网站，技术上并没有太大难度，所以应该能够以每页 1 万日元的基本费用 + 额外费用的预算进行制作。比如一个总共 30 页的网站，价格在 30 万日元上下应该是比较合适的。关于②，搜索引擎措施（SEO 处理）在本质上并没有太大难度。如果网站制作公司能够理解到本书所介绍的水平，可以说已经足够了。而最为重要的因素是③。网站就好像是一个建筑物，没有建成前，谁也不知道会是什么样。正因为如此，包括自己是否与对方负责人性格合拍在内，对方负责人必须是作为个人可以信赖的，否则最好不要与之建立交易。同时，如果要在网站上添加在线销售功能的话，对方的以往业绩也将是我方选择时的重要参考因素。

第4章　如何制作"叫好又叫座的指南手册"和"让商品大卖的目录"

4−1 制作销售工具，让拓展新业务成功

销售工具为何如此重要？

▶拓展新业务必不可少的5样工具

上一章主要向各位读者介绍说明了灵活利用网站"集客"的方法。对于这些成功集揽过来的有望客户，接下来要由销售人员上门拜访，让生意成交后最终签订合同。

在"成交"这一环节中，以下各种销售工具发挥着至关重要的作用：

① 方案书（公司简介）

② 手册

③ 商品目录

④ 案例集

⑤ DVD（视频）

以上5件工具中①～③最为重要，将在接下来的几个小节为各位读者详细介绍。④"案例集"用来介绍商品目录里放不下的实例和最新案例。除此之外，不能交给客户，只能供客户临时观看的案例也放在"案例集"里。

如果有些商品是会动的，只用照片或者图片无法充分说明的话，就整理成⑤"DVD"的形式，让客户观看视频。

▶完善销售工具，创造差异性

在此笔者要重申，拓展新业务时，以上几种销售工具占有极其重要的地位。然而遗憾的是，还有很多以法人为客户进行巡回销售的公司，甚至连自己公司的简介都弄得不成样子。

这是因为他们平时根本不去拓展新业务，日常工作中用不到销售工具。所以公司简介就用一张 A4 纸复印了事的例子也并不少见。这样是开拓不了新业务的。

特别是法人公司在采购商品时，一般会有多名负责人同时参与。姑且假设我们派出的销售员非常有能力，而接待他的负责人也强烈希望与我们公司建立生意往来。然而，有实际购买决定权的采购负责人却只能依靠公司简介或者商品目录等资料进行判断。这个时候，如果我们的公司简介或者商品目录太过粗糙拙劣，产生负面影响是不难想象的。

而相反，就算公司的专长和其他竞争对手公司没什么差别，但仅仅丰富一下销售工具的内容，都会收到显著的效果。这样的实例是非常多的。

这是因为包括竞争对手公司在内，大多数企业根本没有在完善销售工具上花费力气。

诚然，如果所有的市场都能不断发展，只跟现有客户进行交易就能保证公司安泰的话，既没有必要拓展新业务，也没有必要在销售工具上花工夫。然而，今后的时代不同。在今天这个时代，不但仅靠现有客户无法维持公司

拓展新业务时必备的销售工具

❶ 方案书（公司简介）

该销售工具不仅要向客户介绍公司的概况，还要以获得询盘和交易谈判的机会为目的

❷ 指南手册

该销售工具使自己公司的强项和业务内容"可视化"，并归纳整理出对客户有用的信息

❸ 商品目录

商品目录的定位是"代替销售员"销售商品，分为"单品目录"和"综合目录"

❹ 案例集

该销售工具用于介绍商品目录里放不下的事例和最新案例

❺ DVD（视频）

该销售工具用于说明伴随动作的、单靠照片或插图无法充分说明的商品

- 拓展新业务时，上述5件销售工具极其重要
- 销售工具的质量一定要高，这样做的目的也在于向不了解自己公司的，但有决策权的负责人传达自己公司的良好形象
- 即使主要业务内容与其他竞争对手相差无几，完善销售工具也能大大改变客户的印象

图 4 - 1　拓展新业务时必备的销售工具

第 4 章　如何制作"叫好又叫座的指南手册"和"让商品 105
大卖的目录"

的发展，而且必须把拓展新业务作为日常工作去做。

所以，在把拓展新业务作为日常工作的前提下，必须完善销售工具。

▶当今时代，"形象"成就生意！

做生意时，无论对象是法人还是普通消费者，本质上都是人对人的往来。所以，我方给对方留下的"印象"会大大影响谈生意的结果。

假如某个销售员来自于谁都知道的名牌企业，可能从一开始客户就会抱有良好的印象。然而绝大多数企业做不到这一点。所以归根结底，留给客户的印象非常重要。而是否有销售工具以及其充实完善的程度将产生巨大的影响。在拓展新业务时，这些销售工具是必不可少的。

一句话补充 案例集是既简单又有效的工具

只要准备好反映公司案例的照片和一本相册，就能简单做出案例集。或者还可以用电脑对数码照片的资料进行编辑。这种销售工具既简单又非常有效。

要　点 法人客户存在多个决策人

如果客户是法人企业，则存在多个决策人（选择购买某商品的人、决定采购金额的人、批准采购的人以及购买后实际使用商品的人等等），这是其一大特点。

4 - 2　如何制作唤起顾客共鸣的"方案书"

把"以介绍为目的"的公司简介升华为"以接单为目的"的方案书

►不制作"公司简介"，而制作"方案书"的理由何在？

"方案书（approach book）"基本上是以介绍自己公司为目的的销售工具。究竟方案书的哪些地方不同于单纯的公司简介呢？

表 4 - 1　公司简介与方案书的不同之处

	公司简介	方案书
目的	介绍公司	创造交易谈判的机会
概念	用途多种多样	作为销售工具使用
信息的重点	介绍公司的基本信息	传达公司的价值观

通常所说的公司简介与方案书的不同之处如表 4 - 1 所示。

表 4 - 1 所示，公司简介的目的，说到底仅仅在于向客户介绍自己公司的概况。然而方案书不同于公司简介，不仅仅告诉对方自己公司的概要，其目的还在于获得询盘及交易谈判的机会。

从这个意义来看，方案书本身就包括了介绍公司的功能。

▶利用方案书强调公司独有的强项！

接下来为各位读者示范方案书的基本结构：

① 封面

② 目录

③ 公司的业务领域与价值观

④ 业务内容

⑤ 案例（业绩。最好表示为前后对比的形式）

⑥ 公司的贡献（对地区或社会的贡献等）

⑦ 公司的概要（公司地址、员工人数、资本金、代表人、主要客户、交易银行等）

方案书的形式应该用 A4 纸作成 8 ~ 20 页左右的册子。

在方案书里应该特别重视的是③"公司的业务领域与价值观"。业务内容与业务领域在意思上有微妙的差别。本小节附图介绍了名为"三笠制作所"的生产配电柜的厂商的方案书。该公司把通过销售配电柜帮助用户节约成本、延长设备的使用寿命看作公司的业务领域。而"24 小时服务"、"3 小时之内赶到问题现场"、"配电柜 3 年质保"是该公司对经营的理念，也就是公司的价值观。

该公司把"价值观"落实到了行动层面，这就形成了对顾客的"担保"。以上这种"本公司为顾客做出的独特担保"也称为"USP（Unique Selling Proposition）"，直译过来就是"公司独特的销售主张"。通过明确自己公司的 USP，更容易唤起客户的共鸣。

封面　　　　　　　　　目录

本公司的特征与价值观　　　　　USP

图 4-2　例：三笠制作所的方案书

第 4 章　如何制作"叫好又叫座的指南手册"和"让商品 109
大卖的目录"

当一个人与对方产生共鸣时，自然而然会放松戒备心理。出于放松客户心理防线的目的，必须向其表达自己公司的价值观。在此基础上，还要通过各种案例向客户诉说有利之处，由此一步步获得询盘。

▶拓展新业务全靠首次拜访！

在拓展新业务时，初次拜访时能否拿到顾客布置的"作业"以实现下一次访问，决定了一切。这里所说的"作业"是指询盘或技术上的咨询等。在首次访问时，假如对方只说了一句"我们会在考虑之后再打电话联系你"，那么他是百分之百不会打电话过来的。

特别是当客户是法人企业时，如何发展为定期拜访是关键。所以制作方案书是绝对不可缺少的。

要　点　**首先要共享价值观**

进行销售，首次拜访客户时，一定要做到的是与客户共享价值观。通过与客户共享价值观，可以降低对方的警戒心，有助于避免价格竞争。

名词解释　**USP**

经典的 USP 例子，比如有在线销售文具的爱速客乐（ASKUL）的"今天订货，明天交货"。此外，雅玛多（YAMATO）的宅急便所提出的"日本全国第二天之内到货"也是一个 USP。

4－3 赠送免费指南手册，实现集客量增长100倍！

免费手册是万能销售工具，从集客到成交都用得到

▶手册是不可或缺的销售工具

手册不仅在集揽"有望客户"上非常重要，甚至在日常的销售活动中也能发挥强有力的效果。

第3章为各位读者介绍了解决方案网站，而手册作为网站的核心集客"钓钩"，也发挥了无以替代的作用。

本小节附图为读者展示了指南手册的范例。指南手册与其他销售工具的最大区别在于具有"客观性"。比如本小节附图所示的手册，其标题是《延长设备使用寿命 提高维修性能 配电柜与电装手册》。配电柜是安装在所有需要通电的设备上的装置。简单来说，就好比是我们每个家庭都要配备的电闸一样。

这本手册是前面的章节提到的三笠制作所编写的，翻开手册也看不到里面有丝毫推销公司商品的内容。手册仅以前后对比的形式，简明扼要地介绍了制造更优质好用的配电柜的要领。也就是说，手册的内容极其"客观"，而且对客户有实际帮助。

如果公司免费发送这种指南手册，顾客将会非常高兴。结果某大型制造商（三笠制作所希望拓展新业务的对象）的物资采购负责人就提出，希望拿20册用于现场培训。结

果自不必说，日后该大公司向三笠制作所发来了询盘。

除此之外，三笠制作所还用这本免费指南手册作为解决方案网站上吸引顾客的"钓钩"。在第 3 章第 7 小节中曾介绍过，某家公司利用以免费手册为中心的解决方案网站和广告手段构成交叉传媒，在半天之内获得了 300 桩询盘。这个案例其实说的就是三笠制作所。

▶通过手册提高公司的权威！

如上所述，用免费指南手册集揽顾客的效果是显而易见的。不仅如此，编写这样的手册还能提高公司在该领域的权威性。因为，这么做几乎相当于在该行业出版一本专业性书籍，能给人留下非常深刻的印象。比如阅读过该公司发行的配电柜指南的顾客肯定会这么想："能把手册做到这种深度的公司，技术上肯定也过硬。"

不仅如此，主动进行上门推销开始的新业务拓展，与以收到客户的索要请求后发送免费指南手册的形式开始的新业务拓展之间，存在着天壤之别。比如笔者担任咨询顾问的另外一家公司，他们的销售人员在拓展新业务时去某家公司上门推销，结果对方不但把价格压到了最低，最后还没做成生意，丢了订单。但是后来，还是这个客户发出了索要免费手册的请求，在送出手册之后再次上门拜访时，这次的接待态度与之前发生了 180 度大转弯，随便就发来了询盘。从这个例子可以看出，第一次拜访的方式对公司的形象有多么重要。

三笠制作所的免费指南手册

封面

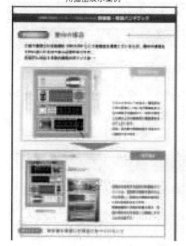

目录

用插图展示案例

用照片展示案例

图 4-3　三笠制作所的免费指南手册

第 4 章　如何制作"叫好又叫座的指南手册"和"让商品 113
大卖的目录"

▶如何编写"叫好又叫座"的手册？

那么，怎样做才能编写出人人想要的手册呢？制作手册时应该注意以下 3 点：

① 绝不主动兜售自己公司的商品

② 尽量定为普遍性内容

③ 内容应该有助于读者解决问题

比如②，与其把标题定为"使用超高速钻头的技巧"，就不如把标题起成"设置钻头加工条件的注意事项"。关于③，编写内容的切入点最好放在"怎么做才能保证不出现问题上"。因为解答"怎么做才能不出错"，必然能联系到解决问题上去。

在本章的下一小节，将为各位读者详细介绍编写手册的方法。

Good! **手册要制作得像专业书籍一样**

技术方面的书籍价格比较昂贵，是普通书籍的 2 倍到 3 倍。如果能免费拿到写有类似专业知识的手册，顾客将非常高兴。

Stop! **宣传商品的手册起到反面效果**

不管顾客买不买自己公司的商品，手册的内容必须对顾客起到帮助作用。以兜售某种商品为目的的手册，只会起到反面效果。

4–4 一学就会！如何制作免费手册

为初学者介绍编写手册的步骤

▶手册的标题决定一切！

制作手册时，需要遵照哪些步骤？下面为各位读者示范制作手册时的几个步骤：

第 1 步：决定标题

第 2 步：制定手册的整体结构

第 3 步：决定每页的布局

第 4 步：收集要用到的照片和案例

第 5 步：制作 WORD（或手写）层次的底稿

第 6 步：让印刷公司负责设计

第 7 步：进行校对后印刷

以上步骤中最为重要的是"第 1 步：决定标题"。不管手册的内容做得多么漂亮，如果标题起得不好，顾客就没有心思阅读。而顾客不想读，手册就发挥不了任何作用。

制定标题的要领与上一小节介绍的制作"叫好又叫座"的手册的要领相同，有以下 3 点：

① 绝不主动兜售自己公司的商品

② 尽量设定为普遍性内容

③ 内容应该有助于读者解决问题

在上一小节中也曾阐述过，要想满足以上 3 个条件，最好把标题定为"这样做绝不会出错的要点"之类的形式。例如"选择怎样的住房改建公司绝不会失败",或者"绝不会出现问题的泵维修法"等。

▶编写手册时如何让读者易懂

手册也可以看作是压缩版的书籍。所以制作一本易懂且有说服力的手册与编书的原则相同,最开始的整体结构(决定目录)非常重要。

要想编写一本易读且有说服力的手册,整体结构应该遵循以下形式:

导入→复杂化→提出问题→提出解决方案

"导入"也就是确认现状。比如手册是关于"怎么使用钻床绝不会出问题"的,那么导入的中心内容就应该是"钻床在工厂中得到了广泛应用"。"复杂化"是"导入"的延伸,为了把话题联系到"提出问题"上,这一部分要让阅读人产生问题意识。比如"虽然钻床已经非常普及,但人们未必会完全正确地使用"。然后从这一步联系到"提出问题"上,即"现在,当人们使用钻床时,经常会出现以下问题"。接下来,再以"为了防止以上故障,需要注意以下几点"的形式,"提出解决方案"。

▶如何有效地示范实例

在最后一个环节"提出解决方案"中,最好列举实际案例。比起任何宣传语句,实例是最有说服力的。这是因为敢向顾客展示实例,同时就代表了公司拥有良好的业绩。

如何编写免费手册

编写"叫好又叫座"的手册的要领

1 绝不主动兜售自己公司的商品

2 尽量设定为普遍性内容

3 内容应该有助于读者解决问题

编写手册的步骤

第1步： 决定标题

第2步： 制定手册的整体结构

第3步： 决定每页的布局

第4步： 收集要用到的照片和案例

第5步： 制作 WORD（或手写）层次的底稿

第6步： 让印刷公司负责设计

第7步： 进行校对后印刷

最重要的是第1步："决定标题"

手册整体的结构顺序

图4-4 如何编写免费手册

为了在示范实例时达到更好的效果，应该采取"前后对比"的形式。这样一来，阅读实例的顾客就能具体想象到解决问题的流程。

如上所述，要想编写一本有说服力的手册，具体案例是必不可少的。我们应该养成在日常生活中收集积累实例的习惯。

Stop! **"起承转结"的形式不利于理解**

"起承转结"是在学校必学的写作格式，但是用在生意上反而不利于理解。应该牢记"导入→复杂化→提出问题→提出解决方案"的写作格式。

一句话补充 前后对比是最强的展示方法

不仅是事例，无论是什么难懂的内容，只要显示为"前后对比"的形式，就能轻松地理解。可以说"前后对比"是最强有力的展示方法。

4-5 商品大卖的商品目录是这么做成的！
商品目录使商品销路发生翻天覆地的变化

▶对商品目录的定位是"销售人员的代理人"

编写商品目录的目的，本质上讲就是销售商品。也就是说，不能把商品目录仅仅看作是一本目录，而应该把它看作"销售人员的代理人"。

商品目录编写的好坏直接会让商品的销路发生翻天覆地的变化。比如，笔者曾为一家制造通用机床的生产商担任咨询顾问。通用机床这种东西属于完全成熟的商品，既没有任何技术革新的余地，在日本国内也主要集中在几家企业生产。也就是说，单论商品的性能，每家制造商生产的都差不多。在这种情况下，商品目录就变得格外重要。

而事实上，笔者负责的这家厂商以"销售人员代理人"的观点，在重新编写了商品目录后，尽管全球经济不景气，但其销售额的下跌成功控制在了同行竞争对手的一半左右。

该企业除了重新编写了商品目录外，没有改变任何销售措施，所以这无疑是商品目录带来的效果。

▶首先制定商品目录的概念

要想编写出让商品大卖的目录，首先最重要的是决定商品目录的概念。可以先用"具体还是抽象"和"有亲和力还是重视高级感"两条轴形成 4 个象限，然后对商品目录的概念进行分类。

把商品目录放在哪个象限里，应该根据销售对象的不同进行变动。比如以中小型企业的工厂为目标编写的网上销售的商品目录，应该编写得"具体"而且"有亲和力"。而以大型企业的设计技术人员作为销售对象时，则应该把商品目录设计得"具体"且"有高级感"。

比如，如果想传达"高级感"，目录的设计也应该以照片为基调，并留出一些空白。相反，如果想展现"亲和力"，目录的设计则应该以插图为基调，并尽量避免留出空白。也就是说，商品的销售对象决定了商品目录的概念，而不同的概念决定了不同的设计。

▶编写商品目录时的原则

在编写商品目录时，还应该遵循的理论是"FAB 法则"。FAB 法则是指，如果按照属性（Feature）→作用（Advantage）→益处（Benefit）的顺序发出信息，就更容易获得对方的共鸣。

现在我们拿用来给材料钻孔的作业工具——钻床为例思考这个问题。首先来思考一下钻床的属性。比如"马达的力矩大"就是属性之一。接下来要思考这个"属性"能带来怎样的"作用（好处）"。比如"马达的力矩大"，能发挥"可以简单地在钢铁等坚硬的材料上钻孔"的"作用"。最后一点是"益处"，指考虑客户的个人情况，对客户自身的好处。于是，因为钻头具有"可以简单地在钢铁等坚硬的素材上钻孔"的作用，所以"如果贵公司使用钻头，可以提高工作速度，就能节省成本"，这就是"益处"。

作为一本商品目录，最起码要写清楚"属性"和"作用"。而"益处"也应该通过案例集等形式加以补充完善。

封面 | 宣传（商品）特点与益处

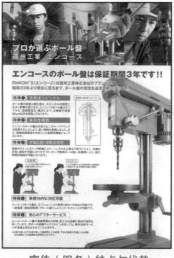

宣传商品种类之齐全 | 宣传（服务）特点与优势

图4－5　远州工业的商品目录

第4章　如何制作"叫好又叫座的指南手册"和"让商品 121
大卖的目录"

然而在实际当中，特别是以法人企业为对象的商品目录，大多只写了"属性"和"规格"，没有说明商品的"作用"。而编写商品目录时应该遵守的原则是，透彻分析商品的"优点"，按照对客户有利程度的顺序，明确记载商品的"属性"和"作用"。

名词解释	AIDMA 理论

AIDMA 理论也经常用于设计广告等。该理论认为在进行设计时，应该能让消费者形成引起注意（Attention）→引起兴趣（Interest）→唤起欲望（Desire）→留下回忆（Memory）→购买行动（Action）等一连串的行动。

这样做没问题！	成功案例集

成功案例集可以作为补充完善商品目录的销售工具。在使用成功案例集介绍使用该商品后带来了什么效果，产生了什么好处时，最好整理成使用前后对比的形式。

4-6 制作商品综合目录，占领行业头把交椅

活用商品综合目录，大幅提高销售业绩

▶为什么要推出综合目录？

在制作各种销售工具时，完成后最容易出成效的就是

"商品综合目录"。商品综合目录是指对某行业商品进行综合整理归类的目录。

目录这种东西，书芯够不够厚、书脊部分是否明显，以及目录的厚度能否让目录竖着摆放等外观因素会给人造成不同的视觉冲击。如果书芯很厚，有像样的书脊，并且目录厚得足够立起来的话，称其为"商品综合目录"也非常顺理成章。

商品综合目录的好处在于一点，就是只要捧在手里就能（至少我们认为能）用来选购商品。与单件商品目录相比，综合商品目录的优势有以下几点：

① 顾客更容易保存，不会随手扔掉

② 公司可以在可靠度、信任度等方面提升自己的形象

③ 能够明确自己公司的市场领域

④ 可以提高产品接单发单时的便利性

⑤ 销售人员更容易上门拜访

⑥ 能够用作集客"钓钩"

本书第2章介绍的新潟精机公司，就通过商品综合目录实现了业绩增长。第3章介绍的高砂工程把原有的单件商品目录做成综合商品目录的形式后，提升了公司形象，成功开发了新业务。

▶通过商品综合目录建立行业标准！

而且，如果我们公司发行的商品综合目录成为了行业标准，那么在该行业里，我们就能占据不可动摇的地位。

比如在工厂市场中，TRUSCO 日本中山株式会社发行的名为《橙皮书》的目录就成为了行业的标准。橙皮书由两本厚达 60 毫米的目录组成，登载了工厂使用的总共 12.4 万种所有设备、器械、用品，说在日本国内几乎所有工厂都有一本《橙皮书》也一点不为过。

一般工厂所用的商品种类十分繁多。在这个行业，很多同类商品在不同的生产厂家起了不同的名称，非常混乱。在这种商品类别很不明确的行业里，谁能最先编写出综合性的商品目录，谁就能占据"行业标准"的宝座。

▶编写商品综合目录的原则是什么？

制作商品综合目录时，需要注意以下几个要点：

① 设计封面时，要让读者在看到封面时马上想象到目录的具体内容

② 制作索引时要准备多个切入口，比如"按商品类别"、"按用途"、"按生产厂家"查找等

③ 按商品类别查找的索引应该在旁边添加照片等，方便用户查找

④ 要标明商品价格（可以是官方定价）

⑤ 不要忘记在书脊上写上标题

商品综合目录的封面最为重要。商品综合目录的封面要尽量避免抽象的设计。比如可以排列目录所刊登的各个类别的代表性商品的照片。总之，封面的设计必须让读者一看到就能马上明白这本综合目录所介绍的内容。可以

如何运用商品综合目录

综合目录的优势

1 顾客更容易保存，不会随手扔掉

2 公司可以在可靠度、信任度等方面提升自己的形象

3 能够明确自己公司的市场领域

4 可以提高产品接单发单时的便利性

5 销售人员更容易上门拜访

6 能够用作集客"钓钩"

编写综合商品目录的要点

1 设计封面时，要让读者在看到封面时马上想象到目录的具体内容

2 制作索引时要准备多个切入口，比如"按商品类别"、"按用途"、"按生产厂家"查找等

3 按商品类别查找的索引应该在旁边添加照片等，方便用户查找

4 要标明商品价格（可以是官方定价）

5 不要忘记在书脊上写上标题

● 在各种不同的销售工具中，商品综合目录是推出后最容易出效果的工具

● 制作商品综合目录时，目录的厚度非常关键，有没有足够宽的书脊、目录本身是否厚到可以立起来都是加分的因素

● 如果在商品类别不明确的行业最先推出了商品综合目录，就能占据"行业标准"的宝座

图 4 –6　如何运用商品综合目录

第 4 章　如何制作"叫好又叫座的指南手册"和"让商品 125 大卖的目录"

说，商品综合目录的成败也有90%取决于封面的设计。

一句话补充 制作商品综合目录能够树立起竞争壁垒

相对于单件商品目录，制作综合商品目录既费工夫又费资金。但换句话说，一旦做成了综合目录，就等于把竞争对手挡在了竞争壁垒的外面。

要　　点　目录的基础是标明 QCD

QCD 是指"质量、价格、交期"。质量具体指的是"多少年质保"。特别是在编写商品综合目录时，要以标明 QCD 为基础。

4－7 如何发布卓有成效的新闻消息稿

新闻消息稿是不花成本的集客与销售工具！本节为您介绍如何充分利用新闻消息稿

▶什么是新闻消息稿

如果已经完成了前文所述的解决方案网站、免费手册和商品综合目录，在此基础上再发布新闻消息稿，可以使效果翻倍。

通常所说的新闻消息稿，主要是指以报社或杂志社为对象，以期其写出新闻报道为目的而发布的信息。

报社或杂志社作为媒体，每天或每月会定期发布各种信息。换句话说，这些单位也在不断寻求可以发布的消息。虽说报纸或杂志是汇集各类信息的媒体，但也并不是任何时候都有无穷无尽的报道资源。总会有那么几天或者某个月缺少可以报道的话题，所以他们也在时刻寻找可以填空的信息。所以，笔者希望各位读者不要妄自菲薄，认为媒体不会采访自己这种中小型企业。建议各位读者首先要勇于尝试。

▶发布新闻的对象与益处

发布新闻消息稿的对象不仅限于书店销售的普通杂志。例如在日本，如果以工厂市场为对象的话，报纸有《日刊工业新闻》和《日经产业新闻》等等；杂志也有多种专业性杂志，例如《机械设计》和《工厂管理》等等。而提到报纸，在日本除了《朝日新闻》《读卖新闻》和《每日新闻》等全国发行的报纸外，各个地区也有报社，有些地区发行的报纸甚至比全国性报纸的影响力还要大。所以，在考虑找哪家报社或杂志社发布新闻消息稿时，应该以自己公司商品的特性和发售商品的地区范围作为判断的前提。

发行新闻消息稿的益处有以下几点：

① 新闻消息稿不是广告而是新闻报道，所以容易得到读者的信任和信赖

② 可以在本行业里树立权威

③ 不是打广告而是提供信息，所以不需要花钱

④ 报道里会提到自己公司，这样的报道本身就是销售工具

⑤ 可以建立与媒体间的关系

要说发布新闻消息稿最大的益处，在于报纸或杂志作为立场中立的第三方，以新闻报道的形式介绍公司，所以容易获得读者的信任与信赖。以发布新闻消息稿为主，请媒体以新闻报道的形式介绍公司的宣传方法叫做"公关宣传"。在进行新业务拓展时，公关宣传战略非常重要。

►如何撰写新闻消息稿以及发布新闻消息稿的步骤

发布新闻可以按照以下几步开展：

第 1 步：打电话给对象媒体，表明希望发送新闻稿，请求对方介绍相关负责人

第 2 步：把新闻稿和相关资料交送给负责人

第 3 步：再次打电话，确保对方收到了新闻稿

本小节附图为各位读者介绍新闻消息稿的模板。

发送新闻稿时，除了这份稿件，还应该尽可能地同时送上各种销售工具，比如自己公司的方案书以及指南手册等等。

有些公司通过发布新闻稿，让行业内的专业杂志刊登自己公司的网站。这样一来，增加了网站的访问数量，并使

```
┌─────────────────────────────────────────────────────┐
│                  新闻稿模板                            │
└─────────────────────────────────────────────────────┘
```

本模板可以下载

```
┌─────────────────────────────────────────────────────┐
│                  新闻消息稿                            │
└─────────────────────────────────────────────────────┘
```

致各位媒体报道相关人士　　　　　　　　　　　　　　20●●年●月●日

　　　　　　　　　　　　　　　　　　　　　　　　　　●●●●公司

● ●

国内制造业　面向技术资料·生产技术相关人士的指南

《采用●●●●绝不会出错的要领》

免费赠送的通知

● ●

●●●●公司〔所在地：●●省●●市 董事长：●●●〕已编写成《减低生产成本 采用●●●●时如何保证绝不会出错》使用指南，现在向国内制造业的同行企业免费发送。在此做如下相关介绍，望贵媒体予以报道。

◆**编写《采用●●●●时如何保证绝不会出错》手册的背景**

　　在国内制造业所处的大环境日益严峻的情况下，今天除了要重视QCD及环保等问题，劳动人口减少、劳务风险增大、生产基地转移到劳务费较低的海外国家等由于全球化产生的问题越来越受到人们的关注。在这样的大环境下，日本国内的制造业需要进一步提高生产率。

　　掌握好●●●●，就是解决上述课题的有效方案。●●●●可以提高生产率，并同时达到控制劳务成本和生产多品种小批量产品的效果，堪称现代制造业的必胜法宝。

◆**关于《采用●●●●时如何保证绝不会出错》指南**

　　《采用●●●●时如何保证绝不会出错》以日本国内制造业涉及生产资料与生产技术的相关人士为读者，介绍了在生产线导入●●●●时的注意事项、●●●●株式会社在应用●●●●时所积累的丰富的实战经验等各种有关●●●●的信息。该手册由以下几部分内容构成：

　　　　　　①导入●●●●的目标　　　　　②设定●●●●条件的注意事项

　　　　　　③●●●●的要点　　　　　　　④选择●●●●的注意事项

　　　　　　⑤制造●●●●的注意事项　　　⑥如何既保证生产率又控制成本

　　　　　　⑦●●●●的要点　　　　　　　⑧●●●●的要点

　　　　　　⑨维修时的注意事项　　　　　⑩写在最后……如何选择良好的合作伙伴

◆**如何索取《采用●●●●时如何保证绝不会出错》指南**

　　如果您希望获取该免费手册，请以电话、传真或E-mail的方式联系弊公司。您也可以通过以下网站——●●●●.com申请。

　　"●●●●.com" http://www.●●●●.com/

◆**公司简介**

　　公司名称：●●●●株式会社

　　公司地址：邮编：●●●● ●●省●●市●●● 1-1

　　董事长：●●●

　　网站：http://www.●●●●.com/

【关于新闻稿请咨询】

　　　　●●●●株式会社〔负责人：●●●〕

　　　　TEL：●●●●●●●●　　　FAX：●●●●●●●●　　　E-mail：●●●●@●●●●.com

图 4-7　新闻稿模板

网站排在了搜索引擎的前列，最终增加了询盘的数量。还有的公司在拜访拓展新业务的客户时，发现客户已经阅读过了公司发布的新闻稿，于是交易谈判进行得一气呵成。

如果您已经做好了解决方案网站和手册等销售工具，就应该积极发布新闻稿，有效地开展对公司的宣传。

要　点　站在长远立场上看待报纸与杂志广告

在报纸或杂志上刊登广告，目的在于提高知名度，而不仅是得到客户的直接反应。所以要站在长远的立场上看待，不能只计较短期的成果。哪怕是豆腐块广告，只要持续刊登就会有效果。

案例　通过对公司技术的"可视化"，取得拓展新业务的成功

三笠制作所的手册战略

▶配电柜容易陷入价格竞争的陷阱

三笠制作所是一家配电柜生产商，公司总部位于日本爱知县。配电柜是控制机械设备时使用的电源箱。

虽然所有的机械设备上都要配备配电柜，但与此同时，由于配电柜是必需品，所以也是非常易于陷入价格竞

争的行当。而且该行业已经日趋成熟，每家机械设备厂商都有自己专属的配电柜制造商，所以也很难拓展新业务。

三笠制作所也基本如此，其大部分销售额依赖于特定的主顾。所以，如何推进拓展新业务，成了发展公司、扩大业绩的重要课题。

▶每月都获得3家新公司的交易账户！

该公司虽然只有 30 名员工，但在生产配电柜方面却是一个拥有高超的技术实力的专家集团。公司为了在集揽顾客时让自己的技术实力看得见（"可视化"），首先成立了解决方案网站——"制御盘.com"。在该解决方案网站上，作为集客钓钩的中心组成部分是免费指南手册——《为了设备使用寿命延长，提高维修性 制御盘·电装指南》。前面为读者介绍过，这本手册指南给公司带来了巨大的业绩。

于是三笠制作所不断推出新的手册指南，除了之前介绍的手册 1 和手册 2，该公司还发行了以下各种手册：

- 《小型化制御盘国外处理指南》
- 《为了降低设备成本，推进 VA 小型化制御盘指南》
- 《基本 3 操作指南》
- 《降低设备维修成本 预警维修导入指南》

以上这些免费手册，都是在公司有意识地实现自家技术的"可视化"的目的下制作而成的。这些手册里没有丝毫对自家公司的推销宣传，内容全是纯粹对客户有用的信息。

特别是《为了降低设备成本，推进 VA 制御盘小型化指南》这本手册，是根据用户需求制作而成的——用户在解决方案网站"制御盘 . com"上提出最多的咨询，就是关于如何实现配电柜小型化的。由此，该公司得知机械设计者们希望配电柜可以实现小型化，于是才开始编写这本手册。

在以上这些内容所包含的丰富的知识技巧的基础上，该公司又新成立了"制御盘设计 . com"，成功把集客数量翻了一番。

通过上述手册战略和网站战略，该公司每月都能得到 2 到 3 家新客户的交易账户。这些新客户中，也不乏日本东证 1 部上市公司级别的大型企业。

▶拓展新业务战略让销售额在4年内上升为原来的5倍！

三笠制作所通过推行上述战略，在 4 年时间里竟然把销售额提高到了原来的 5 倍。不仅如此，在过去，销售额的 9 成依赖于特定企业，而现在这一比率已经下降到了 3 成左右。

该公司树立了以解决方案网站和免费指南手册为中心的拓展新业务的商业模式，在经济不景气时期也保证了工

图 4-8 三笠制作所制作的几种小册子

第 4 章 如何制作"叫好又叫座的指南手册"和"让商品 133
大卖的目录"

作不断。甚至一些比该公司规模大的同行企业，都要来该公司讨工作。

笔者认为，我们今后已经进入了这样一个时代：企业规模固然重要，但是否具备自主创造新客户的能力，即有没有拓展新业务的商业模式将决定企业的成败。哪怕公司规模再大，如果本质上依赖干分包，没有自主争取工作的能力，今后的时代处境势必十分严峻。

三笠制作所在"成为日本最好的配电柜制造商"的目标下，前行在快步发展的道路上。

一句话补充 **今天已进入了拓展新业务也会受到母公司鼓励的时代**

作为子公司，有时候会担心拓展新业务会招来母公司的反感。而实际上，今天有越来越多的母公司也开始对拥有不只依赖自己的商业模式的子公司做出积极的评价。

Good! **以拓展新业务搞市场营销**

通过拓展新业务，可以广泛收集到用户需求。如果能把这些需求反映在公司的商品开发上，拓展新业务本身就恰好实现了市场营销的作用。

专栏4

> ▷ 专栏4　何如选择印刷公司

　　如果只是制作简单的公司介绍或手册，那么不同的印刷公司不会有太大差别。然而一旦要制作页码超过 200 页的商品综合目录，就需要在选择印刷公司上好好考虑。

　　制作商品综合目录时，选择印刷公司应该注意以下几点：

　　① 有做过商品综合目录的实际经验

　　② 开价合理

　　③ 负责人值得信赖

　　关于①，制作商品综合目录是一项非常劳心费神的工作，不仅要管理大量照片数据和图纸信息，还要考虑设计排版问题。所以，如果印刷公司没有制作综合商品目录的实战经验，不但品质得不到保证，编写过程中会变成制作的负担。

　　关于②，价格未必越低越好。应该结合各家印刷公司的提议内容和实战经验，判断哪家公司开出的价格更合理。

　　与网页制作公司同理，最为关键的因素是③负责人是否在为人上值得信赖。综合商品目录和建筑物一样，在完成之前谁也不知道成品是什么样。而且还有可能在制作过程中产生新的费用。所以，印刷公司的相关负责人在为人处事上是否可以信赖是最为关键的因素，同时也要考虑性格上能否合得来。

第 5 章　发挥直邮、传真直邮、企业通讯稿的优势！

5-1 根据商品和目标不同，区分使用

教你如何最大化利用直邮和传真直邮

▶直邮和传真直邮是最基本的集客工具！

直邮和传真直邮可以看作最基础的集客工具。近几年来，虽然网站（特别是解决方案网站）作为集客工具迅速兴起，然而直邮以及传真直邮的重要性，以及其作为集客工具的基础地位在今后仍不会改变。

特别是较之于通过网站招集客户，直邮和传真直邮的优势有以下几点：

① 可以缩小并集中集客对象

② 可以直接进行一对一接触

也就是说，如果集客对象位于某特定地区，或者宣传目标明确（比如持有集客对象名单）的话，就应该充分利用好直邮或传真直邮。

▶如何区分使用直邮和传真直邮

应该如何区分利用直邮和传真直邮？下面为各位读者说明直邮与传真直邮的不同之处。

直邮在"质量"、"信息量"、"易保存性"、"易传阅性"上优于传真直邮，但其不利之处在于"成本"，要花

费传真直邮的 10 倍之多。

相反，传真直邮在"成本"上优于直邮，然而特别是在"信息量"、"质量"等方面不如直邮。但是作为一个集客工具，性价比高的显然是传真直邮。

集客工具的效果可以表示为"集客工具的质量 × 与有望客户的接触频率"。因此，在花费相同成本的前提下，传真直邮能够以直邮方式 10 倍的频率进行发送，所以作为集客工具是非常有利的。而且，发送直邮时，发送 1 次后万一反响不好，在从对其作出修改到再次发送的过程中，还要花费相当大的成本和工夫。在这一点上，传真直邮只需要更改文面即可，重新发送也很容易。

不过传真直邮在给客户的印象和郑重程度上不如直邮。关于这一点，只要联想到单纯一张传真和正式书信的差别就很容易理解。

所以，当我们想对有望客户宣传的商品的品牌形象非常重要时，或者已经掌握了收信方的具体人名时，最好采取直邮的方式。

▶为了出效果，必须超过清单数量的"阈值"

无论选择直邮方式还是传真直邮，要想出成果，发送量必须超过一定的数量。

具体而言，直邮需 2000 件以上，传真直邮需 5000 件以上为佳。这一特定数量叫做"阈值"。"阈值"是指能

特　性	直　邮	传真直邮
成　本	高昂（每份120～180日元左右）	低廉（每份10～15日元左右）
品　质	高（可以彩印并灵活添加照片）	低（不能彩印或任意添加照片）
信息量	大（可以增加页数）	小（内容只能放在1张纸上）
耐保存性	高（便于顾客保持）	低（不便于顾客保存）
易传阅性	高（便于同单位的人传阅）	低（不便于相互传阅）

直邮和传真直邮的不同

- 直邮在"质量"、"信息量"、"耐保存性"、"易传阅性"上有优势，但在"成本"方面则要花费传真直邮的约10倍之多

- 传真直邮成本低廉，但与直邮相比，在形象和郑重程度上存在不足

- 因此必须根据宣传对象来判断应该采取哪种方式。比如当以公司高层领导为对象时，应该选择直邮方式

- 此外，作为直邮和传真直邮的共性，发送基数必须超过一定数量（阈值），否则看不到效果

图5-1　直邮和传真直邮的不同

否产生效果的临界线。阈值一词原本是用在医师开药上的，即开药也必须达到一定的量，否则没有效果。也就是说，如果药的剂量达不到要求量，即使每天坚持服用也不会发挥疗效。而服药能产生效果的必需量就叫做阈值。

同样，直邮和传真直邮也存在阈值。经常有人反映"我们过去也采用过直邮（传真直邮），但是没什么效果"。但是一问他到底发送了多少份，结果回答说只发送了100份。无论是直邮还是传真直邮，必须发送到一定程度的份数，否则肯定不会产生效果。

包括以上话题在内，本章将为各位读者详细介绍如何通过直邮和传真直邮等方式获得成效。

要点　传单、直邮应该"量胜于质"？

与其发送1次全彩的精美的传单，不如多发送几次黑白印刷的、低成本的传单更能收到客户的回应。同样的道理也适用于直邮，质量固然重要，但发送的频率更为关键。

要点　防止顾客因传真直邮而投诉

发送传真直邮时，应该设计一个"今后不希望再收到此传真"的选项，让顾客可以通过回信选择不再接收此宣传。由此可以避免受到相关的顾客投诉。

5-2 如何制作"叫好又叫座"的直邮广告

把握本小节要点,目标"超过5%的回复率"

▶直邮的回复率大概是多少?

可以说直邮是最为基本的集客工具。一般认为,直邮的平均回复率为3%。也就是说,发送2000份直邮广告,就会收到60份回复。

当然,直邮内容的性质如何也影响到回复率的高低。比如,如果是"免费赠送报告"之类的内容,回复率甚至可能超过10%。相反,如果回复率大幅低于3%,就应该在①收信人名单、②直邮设计、③内容(商品)这几点上找原因。

▶高回复率的直邮广告应该这样制作!

在市场营销的发源地美国,很早以前就存在这样一种说法,"audience占40%,offer占40%,creative占20%"。就直邮而言,audience指的是收信人名单,offer指的是直邮里的提议内容,creative指的是直邮的设计。也就是说,只执着于直邮设计得是否精美,是不会得到理想效果的。比设计更重要的是收信人名单的妥当性和精确度、直邮的内容以及对有望顾客的具体提议等。

关于如何编写收信人名单,将在以下的小节中进行详细说明。而与收信人名单同等重要的是直邮的内容,即能够对有望客户做出怎样的提议（offer）。

比如，如果仅仅通过直邮方式突兀地向顾客推销昂贵的进口轿车，回复率肯定非常低。在销售进口轿车时的 KFS（即 Key Factor to Success，成功的关键）是汽车的试驾。有数据显示，进入试驾这一环节的有望客户中，20%～40%的人最终决定购买。所以，如果是以销售进口轿车为目的的话，直邮的提议内容就应该是"限时送礼！免费赠送汽车试驾券"等等。

如果销售的商品是健康食品，则可以考虑把直邮的标题定为"限时抢订！前 100 名顾客免费赠送样品"，并在内容中对体验过该健康食品的消费者的前后对比进行报道。

▶设计直邮广告的注意事项

上文中讲到，直邮的成功与否，80%取决于收信人名单和提议内容。而同时，直邮设计在实际中也发挥了重要作用。设计直邮广告时最重要的是"看到外观后能够马上明白内容"。为此需要注意以下两点：

① 把直邮广告的信封设计成透明的

② 直邮广告的信封内容能让人明白信件的内容

本小节的附图为各位读者展示了实际的直邮广告的范例。设计该直邮广告时注意了以下几点：

① 整体的用色以暖色（红、橙、黄等色彩）为基调

◆把握本节要点就可以制作出这样的直邮广告

图5-2　体现设计思路的直邮范例

② 设计要重点突出，让收信人明确了解受众对象

③ 在 1 页纸内，特别想要吸引人眼球的要点在原则上不要超过 3 条

④ 加入具体数值，让宣传具有说服力

⑤ 加入吸引人打开信封、阅读信件内容的因素（例如添加"内含免费调查报告"等语句）

⑥ 多使用人像照片或插图，消除收信人的警戒心

由上可以看出，设计直邮广告的要点可以总结为一句话，即让收到信件的人感觉到这封直邮就是专门为自己发送而来的。

一句话补充 **暖色能够提升情绪**

相对于冷色（绿色、蓝色、灰色等等），暖色具有提升情绪的效果。因此广告和网站等媒体都会采取暖色为基调。

5-3 一点即通！传真直邮的充分利用法
传真直邮是性价比最高的进攻型集客工具

►为什么应该最大化发挥传真直邮的作用？

本章在前面介绍过，传真直邮与直邮方式相比较，不但在"性价比"上有优势，而且还是一件可以随手应用的集客工具。虽然网站也是优秀的集客工具，但网站无法选

择宣传目标。在这一点上，由于传真直邮可以选择宣传目标，所以堪称是最适合以某特定地区为对象的集客工具。

而且，如果灵活利用传真直邮代发公司（参考图5－3），无论发送量有多大，都可以轻而易举地发送出去。例如，一般的办公室里配备的传真机，发送1000份传真至少要花8个小时。然而通过传真直邮代发公司的服务器，上万份传真也能够在几秒钟之内发送完成。特别是那些以法人为顾客开展业务的企业，营造可以利用传真直邮的环境，是拓展新业务时的必要条件。

▶传真直邮的平均回复率是多少？

可能有不少读者抱有这样的疑问，"传真直邮这种东西到底谁会看呢？我们公司也会收到很多传真直邮，但是看都没看就全部扔掉了"。

一般认为，传真直邮的平均回复率是0.5%。也就是说，如果发送5000封传真直邮，平均大概能收到25份回复。直邮的平均回复率是3%，所以传真直邮的回复率与直邮相比，只有其六分之一。

但是，传真直邮的优点说到底还在于其成本低廉。直邮的成本包括印刷和发送费用在内，每封要花费120～180日元，而传真直邮则能够以平均每份10～15日元的成本发送。

而且相对于直邮从印刷收信人地址到封装作业、投递工作的过程要花费大量工夫，传真直邮只要利用好上文介绍的传真代发公司，只需要在电脑上简单操作几下，就能在几秒钟内发送给数以万计的宣传目标。

也就是说，虽然传真直邮平均每次的回复率很低，但是可以轻松地多次发送。用刚才的例子来计算，假如每次发送5000封传真直邮能收到25份回复，那么发送10次就能获得25份×10次，即250份回复。当然，这只是简单的计算，而实际上，如果每次都发送同样内容的传真直邮，回复率肯定会逐渐降低。但是，通过变换花样，比如改变传真直邮的种类，就能够维持回复率不降低。所以，成本低廉和可轻易发送，正是传真直邮最大的优势。

▶只要肯花工夫，就能提高传真直邮的回复率！

在上文中曾介绍过，传真直邮的平均回复率是0.5%。这不过是一个平均数值，只要肯在传真直邮上花心思，还可以把回复率提得更高。以笔者过去的经验，发送4000份传真直邮，甚至获得过15%的回复率。那个时候，传真机在一天时间里工作个不停，甚至到了影响其他工作的地步。

如上所述，只要工夫用对了路，传真直邮也可以实现较高的回复率。然而设计得不好导致不出成果的例子也并不稀奇。用传真直邮面向相同的目标宣传相同的商品时，哪怕宣传标语有一句不一样，都会造成顾客的回复产生巨大的不同。所以说，与直邮形式相比，传真直邮也是一种

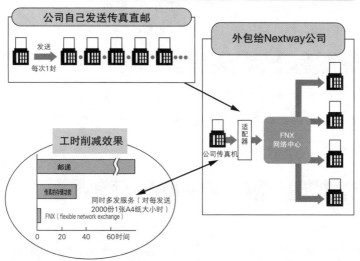

传真直邮代发公司示例

公司自己发送传真直邮

发送
每次1封

外包给Nextway公司

工时削减效果

邮递

传真的存储功能

同时多发服务（对每发送
2000份1张A4纸大小时）

FNX（flexible network exchange）

0   20   40   60时间

公司传真机

适配器

FNX
网络中心

● Nextway（股份有限公司）

　（电话：0120–341890）就是一家传真直邮代发公司

● 利用传真直邮代发公司的同时多发服务的理由有以下
　两点：
　　① 减少获取传真号码清单的麻烦并降低成本
　　② 减少发送传真的麻烦并降低成本

● 比如，用普通传真机发送2000份传真需要花费几十个
　小时，但通过传真代发公司，只要在几秒钟时间内就
　可以完成发送

图5–3　传真直邮代发公司示例

成败变化多端的集客工具。从下一小节开始，将为各位读者详细介绍如何设计传真直邮的注意事项。

Stop！　　避免深夜发送传真直邮

小规模事业所的传真机有可能是公私两用的，再加上晚上收到的传真直邮有可能在早上一齐扔掉，所以传真直邮应该避免在深夜发送。

这样做没问题！　准备多个传真直邮的方案

为了应对万一出现传真直邮的顾客反应不理想的情况，应该事先设计好多个样式的传真直邮稿件。能够灵活做出调整也是传真直邮方式的一大魅力所在。

5－4 导入传真直邮的步骤和实务

如何制作"叫好又叫座"的传真直邮

▶什么是"魔力2秒钟"与"魔力20秒"？

要想让传真直邮"叫好又叫座"，应该注意哪几点？首先，在掌握制作传真直邮的要领时，有两个重要的概念，叫做"魔力2秒钟"和"魔力20秒"。

首先，"魔力2秒钟"指的是，当一个人发现收到了传真直邮后，将在2秒钟时间内判断是不是要马上扔掉这份传真。也就是说，一份传真直邮必须让第一次看到它的人觉得"这些是对我有价值的信息，应该仔细读一读"。

而"魔力 20 秒"指的是，顺利通过魔力 2 秒钟后，认为"应该仔细读一读这份传真"的人将会以 20 秒钟时间判断要不要对这份传真做出回应。

也就是说，一份传真直邮必须在 2 秒钟内让人觉得"这份传真得好好读一读"、"一定得让负责人看一看"，并在 20 秒钟时间内让人觉得"好吧，再问他们要份资料看看"、"看上去不错，买他们的商品看看"。

▶ "叫好又叫座"的传真直邮的制作要点

那么，如何能让制作出来的传真直邮顺利通过"魔力 2 秒钟"和"魔力 20 秒"的考验呢？应该注意的事项分为内容和设计两个方面，依次如下所示。

〈**内容方面**〉

① 刊登的内容要把握时代脉络

② 要刊登集客钓钩（免费指南手册、免费讲座）

③ 要介绍自己的公司，赢得收件人的信任与信赖

〈**设计方面**〉

① 最想突出显示的语句要用特大号的字号

② 其次想突出的语句要结合视线的移动方向（Z 字型）安排

③ 不要只有文字，还应添加插图，直观地表达

致生产技术、设计、维修、物资采购的有关负责人

◇为了集客而刊登了免费指南手册的信息，同时在排版时也注意了视线的走向。

图5-4 "叫好又叫座"的直邮传真范例

掌握好以上几个要点，就能经得起"魔力 2 秒钟"和"魔力 20 秒"的考验。在本小节的最后附有范例，范例所示的传真直邮在制作过程中也同样注意了以上几点。

▶在反复摸索实践中找出"制胜模板"！

传真直邮要把"商品"和"公司"信息整理归纳在区区一张 A4 纸上。而这些信息原本都是非常庞大可观的。所以传真直邮与直邮相比较时，一句宣传标语的不同都会大大影响回复率的高低。

特别是标题语句非常关键，即使在宣传同一商品或服务的前提下，换一下标题语句都会大大提升回复率。

比如本小节最后所示的传真直邮范例，标题语句是"降低配电柜成本"。这个标题也可以换成"提高配电柜质量"。然而，仅仅是把"降低成本"的部分换成诸如"质量提高"等其他标语，回复率马上就会降到原来的三分之一。

根据笔者的个人经验，诸如"降低成本"及"超低价进货信息"等突显成本或价格低廉的内容更能提高传真直邮的回复率。就算某种商品的特点是"利于环保"、"节省能源"等，最好也明确地强调其"节约成本"的一面。

传真直邮能够以低廉的价格轻松发送，所以相应地，可以进行上述摸索尝试。希望各位读者能够找到具有自己公司特色的传真直邮的"制胜模板"。

一句话补充 防止客户投诉的要点

最好在传真直邮的页面最下方留出"今后不希望接受此类传真"的选项栏，明确给予对方拒绝接受此传真的选项。

要点　　正式发送前要先进行测试

设计好传真直邮后不要马上发送，应该先用自己公司的传真机等进行测试性发送。在确认没有任何文字或插图模糊的问题后再正式发送。

5-5 如何制作让直邮、传真直邮成功的客户名单

一份好的收件人名单应该这么做！

▶直邮与传真直邮的成功取决于名单内容

本章在一开始，为读者介绍了使直邮或传真直邮获得成功的几个因素，即"收信人名单占40%、内容占40%、设计占20%"。也就是说，要想让直邮或传真直邮获得成功，其收信人名单占据了极其重要的地位。

制作收信人名单的方法如下所示：

① 向企业黄页类公司购买指定行业、规模、地区名录

② 购买经济类报刊杂志发行的企业名录或高管名录

③ 购买行业团体或行业专刊发行的行业内名录

在日本，专营企业黄页的公司有帝国 Databank、东京商工 Research、Nextway 等等（Nextway 同时也是传真直邮代发公司）。

帝国 Databank 和东京商工 Research 的优势在于连各家公司的总经理姓名都能准确地掌握。所以，如果要制作以总经理为对象的名单，就应该找这些公司。

Nextway 的优势在于不仅有各公司总部的信息，还掌握了各个事业所的资料。比如，在以工厂为对象发送传真直邮时，很多公司都是在总部之外，以事业所的形式运营工厂。这种场合下，如果不知道事业所的地址，哪怕做成名单也没有意义。所以这种时候，Nextway 就能发挥优势了。

▶利用黄页类公司轻松制作名单

上述专营企业黄页的公司所掌握的各行业资料，都是根据日本经济产业省划分的行业分类进一步细致划分的。例如，假设自己公司的交易圈子是大阪府、兵库县、奈良县，如果想要制作一份以员工超过 100 人的汽车零部件制造商为对象的名单，只要提出这些具体条件，就能简单地购买到这些企业的名录。特别是发送传真直邮，因为所购买的资料仅包括事业所名称和传真号码，所以成本也相对低廉（住址及电话号码等信息增加得越多，名录也越昂贵）。

假设想给中坚企业、大型企业发送有关信息系统的直邮广告，此时应该从上述名录中筛选出负责信息系统的高级负责人并制作名单。或者还利用以日本经济新闻社为基地的"日经 Telecom"这一在线服务。该服务可以提供相同的筛选操作。总之，当想筛选中坚企业、大型企业的重要人物时，经济类杂志和报社发行的名录可以派上用场。

此外，有些行业内专业刊物也销售该行业相关企业的名录。因为行业专业刊物针对某特定行业掌握着各种信息，所以很多情况下比一般的黄页类公司拥有更多的名录，非常值得我们参考。

▶如果不知道具体收件人人名，应该这么做！

如果收件人是总经理或者中坚企业、大型企业的高管，则可以明确掌握对方的姓名。然而当收信人是普通的负责人或者中层领导时，则很难弄清对方的具体姓名。

遇到这种情况，可以在收信人的位置填写"生产技术负责人敬启"、"总务负责人敬启"、"物资采购负责人敬启"等，突出宣传对象的部门名称。不过，如果以总经理为对象制作名单时，不应该写"总经理敬启"或者"董事长敬启"，而应该利用上文介绍的黄页类公司，认真查清楚每一位收信人的姓名。这是因为，发送给总经理的信件本来就非常多，没有写明收信人名称的直邮广告很可能被

制作成功的收件人名单的要点

制作收件人名单的方法

1 向企业黄页类公司购买指定行业、规模、地区名录

2 购买经济类报刊杂志发行的企业名录或高管名录

3 购买行业团体或行业专业刊物发行的行业内名录

销售名录的主要公司

<黄页类公司>
- 帝国Databank
- 东京商工Research
- Nextway
  →可以购买全面的事业所资料。还可以根据行业、规模、地区
  筛选出任意资料

<经济类杂志>
- Diamond会社职员录
- 役员四季报
- 日经Telecom
  →可以筛选出中坚企业、大型企业的董事、高层领导

<行业专业刊物>
- Data Forum公司
  →日本全国工厂名单
- 日本产机新闻社
  →全国的金属模具厂商、机械工具贸易公司名单

图5-5 制作成功的收件人名单的要点

扔掉。

公司名称或者负责部门名称发生变化是常有的事，甚至有些事业所也会消失。名录一定要保持定期更新。而且至少每隔几年，就要购买全新的名录。

一句话补充　充分利用在特定行业的黄页类企业

比如说，如果想要做日本工厂名单就找 Data Forum 公司，如果想制作日本金属模具厂商的名单就找日本产机新闻社。总之，日本有很多公司专门制作某特定行业的企业黄页，应该多加利用。

5－6 充分运用企业通讯稿

其实企业通讯稿的性价比非常高

▶几乎所有公司在集揽顾客后都忽视了顾客跟进

本书虽然介绍了各种集揽顾客的技巧，而实际上大多数公司最容易敷衍了事的，就是在集揽顾客后的顾客跟进。

比如，假设在对方提出索取资料的申请后，公司进行了销售跟进。这个时候，如果能拿到订单自然最好不过，而实际上签不成合同的情况更多。一般认为，从对方索取资料发展为谈生意的概率为 30%，而从谈生意进展到签订合同的概率又是 30%。也就是说，从对方索取资料到成交的概率为 $0.3 \times 0.3 = 0.09$，只有约 1 成的有望客户能成为正式客户。

换句话说，对于剩下的 9 成有望客户，在此之后如何进行跟进是非常重要的。但现实中，大多数公司对于这 9 成有望客户没有进行丝毫的跟进。确实，站在销售员的立场上来考虑，他们会认为"谁知道这些顾客到底买不买，我们可没有工夫连他们都照顾到"，这或许也是无可奈何的。

▶有望顾客能否走到签约环节，时机是关键

有 9 成的有望客户没有走到签约这一步，对他们放任不管是非常可惜的。这是因为，能否让有望客户走到签约环节，与其说是依靠销售员的能力，不如说"时机"更为关键。

不同于和普通消费者做买卖与法人做生意，时机是比什么都重要的。不管商品有多么好，如果还没到对方该买商品的时机，这种商品是绝对卖不出去的。

比如，假设以工厂为对象宣传物流设备，如果这时候运气好，恰巧赶上工厂的物流设备到了更新期，那么公司所进行的宣传就有可能发展到交易谈判。但是，如果此时该工厂的设备运转毫无问题的话，那么不管派出手段多么高明的销售员去谈生意，对方也绝对不会购买。

但是，假设在进行销售跟进的过程中拜访顾客时，恰

好这时客户公司正在考虑更换物流设备，或者现有的物流设备总是问题不断的话，那么即便销售员的销售技巧不那么高超，也起码能拉来对方的询盘。

看到这里，相信各位读者已经了解到，当以法人为对象开展销售活动时，"时机"是最为关键的因素。而发送企业通讯的真正目的，就在于不错过任何"时机"。当然，发送企业通讯还有一个好处，即让客户对自己公司产生亲切感，更容易进行日常的销售活动。但是，发送企业通讯的真正目的在于牢牢抓住任何一次产生交易谈判的机会。

►企业通讯比销售员的性价比都高

此外，在对动向未知的有望客户进行跟进时，与其花费成本让销售员跟进，不如通过企业通讯的形式跟进。

雇用一个销售员，作为支付给他的劳务费，每个月最少也要花费60万日元的成本。假设一个月工作20天，那么每天的成本就是3万日元。假设标准情况下销售员每天拜访3家公司，那么每访问1家公司就要花费1万日元的成本。

但是，如果采用企业通讯的形式，每份成本可控制在180日元之内。如此算来，与让销售员去跟进相比，成本约为1/56。而且，如果通讯的内容写得精彩的话，比起让销售技能一般化（请原谅笔者的失礼）的销售员搞突击拜访，收到的效果要显著得多。这么一看，相信各位读者也能理解在企业通讯上下工夫的意义。

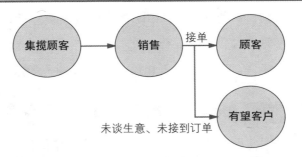

企业通讯稿的优点

集揽顾客 → 销售 → 接单 → 顾客

销售 → 未谈生意、未接到订单 → 有望客户

- 在集揽顾客并开展销售活动后，如果发展到了接单，对方就成为"正式顾客"

- 但是没有产生交易谈判，或没有接到订单时，应将其作为有望客户进行跟进

- 与法人做买卖时，能否拿到订单在大多数情况下取决于时机。正因为如此，应该通过发送企业通讯稿的方式进行定期跟进

针对有望客户的销售成本

◆ 让销售员跟进
假设1名销售员的成本为60万日元/月
假设每月工作20天，每天访问3家公司……
每家公司的跟进成本=60万日元÷20天÷3家
=1万日元
◆ 发送企业通讯稿
每家公司的跟进成本=不到180日元

图5-6　企业通讯稿的优点

虽然我们已处在一个 IT 和电子数据蓬勃发展的时代，但是纸媒的力量仍然有其强大之处。相对于以电子数据的形式发送邮件，发送纸媒更能给人留下深刻的印象。

要 点 如何削弱对方的心理防线

据说，美国的非银行金融机构在寄送宣传信件时，如果信封上印有女性的头像照片，那么收信人打开这封信的几率要高于信封上只宣传利息的。女性形象有削弱对方心理防线的效果。

5-7 企业通讯稿是"会飞的销售员"
全面介绍企业通讯稿的高级版——宣传单

▶商品宣传单的目的是诱发交易谈判

在上一小节讲到，企业通讯稿的真正目的是"抓住产生交易谈判的时机"。所以换句话说，"产生交易谈判"才是以跟进客户为前提而发送企业通讯稿的最大目的。

以诱发交易谈判为目的而发送的企业通讯稿，又叫做"宣传单（flier）"。宣传单是美国市场营销学的专业术语，如果直译的话，是"会飞的销售员"的意思。而把企业通讯稿发展到"会飞的销售员"这一高度的，恰恰就是宣传单。

▶如何让宣传单"诱发交易谈判"

本小节的附图介绍了宣传单的范例。这里介绍的宣传单是一张正反面彩印的 A3 纸，先对折后再 3 折，然后放入信封内投递给收信人。

宣传单所刊登的各项内容和目的如表 5 – 1 所示。

表 5 – 1　宣传单

刊登页面	内　容	目　的
正　面	本月专栏	降低读者的警惕心理
	地区信息	让读者产生亲切感
中间面	本月成功案例	通过实例宣传本公司的优势
	赠送免费手册①	通过索取资料集揽顾客
	本月降低成本信息	宣传对读者的利益
	网站介绍	增加对网站的访问
背　面	技术专家之声	让读者产生亲切感
	赠送免费手册②	通过索取资料集揽顾客

▶宣传单的内容和实际的销售活动的步骤都一样！

以上只是宣传单内容的一个示例。宣传单的内容也要根据销售方面的理论进行排版。销售理论是指以下 3 个步骤：

第 1 步：降低对方的警惕心理

第 2 步：宣传带给对方的益处

第 3 步：通过提问，掌握对方的需求

开展销售活动时，第一步要降低对方的警惕心理。这就跟在实际的销售活动中的道理一样，销售人员不会突如其来地进入正题，而是首先谈谈天气等话题暖暖场，然后才进入正题。

范例所展示的宣传单为了降低读者的警惕心理，每次都派公司的女性员工出场。当阅读对象是男性时，让女性角色打头阵可以降低读者的警惕心理，具有产生亲切感的效果。

而且，宣传单的内容尽可能不要推销产品，而要以"成功案例"的形式向读者介绍益处。该宣传单的实例采用了前后对比的形式，一目了然。紧接着，宣传单在背面刊登了"技术专家之声"。这一专栏每期都让公司的技术专家撰写稿子，目的是唤起同为技术人员的读者的共鸣。而且该专栏采取了"欲知后话，请听下回分解"的连载形式，目的是产生让各位读者期待继续阅读下一期的效果。

不仅如此，在该宣传单的重要位置还安排了"免费赠送手册"和"网站介绍"等内容。这一设计的目的是诱发读者索取资料以及登陆该公司的网站。

同时，与宣传单一起还附上了发回传真的专用表格，能够让收信人便捷地索取资料。通过以上的内容安排和整体设计，宣传单就真正起到了代替销售员的作用。

送信用的信封

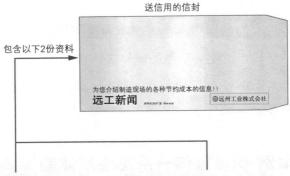

包含以下2份资料

为您介绍制造现场的各种节约成本的信息!!
远工新闻 ENKOH'S News

⊕远州工业株式会社

宣传单正文（A3纸/对折/4页）

发送传真的专用表格（单面A4纸）

图5－7　宣传单案例

Stop! 站在自己的立场上编写宣传单

有不少宣传单是站在编者的角度上制作的。然而一张以诱发交易谈判为目的的宣传单，必须站在读者的立场上进行制作。可以说，这就是编写宣传单时最需要注意的。

一句话补充 让宣传单也变成交叉媒体

制作宣传单时也要保持交叉传媒的思路。比如通过宣传单把读者引到网站上，或者通过网站集揽宣传单读者等等。

案例 积极宣传一条龙生产体制

远州工业(股份有限公司)的宣传单战略

▶远州工业简介

远州工业总部设在浜松市，是一家生产工业机械及承担各种加工业务的企业。该公司的业务内容丰富多彩，不仅商品有公司自己的品牌"远工（ENKOH'S）"钻床、各种模具零部件，还能承担压轧加工、机械加工、热处理加工等等。

▶如何有效宣传公司的优势——"承办一条龙生产"?

该公司的优势除了拥有国家级品牌的商品，还在于可以应对客户公司的一条龙生产（压轧加工、机械加工、热处理加工）。

通常，机械零部件在经过压轧或机械加工后施加热处理，才能成为最终的成品。而一般的做法是，压轧交给专门压轧的公司，热处理交给专门的热处理加工公司，即每一道工序都分别下单。然而，如果每一道新工序都要换一家公司来做的话，就很容易在交期或者质量管理等方面出现问题。在这一点上，远州工业能够以一己之力完成所有工序，所以有利于缩短交期并提高质量。

然而，并非所有顾客都对远州工业的长处了如指掌。与该公司压轧加工部门有业务往来的客户以为这家公司是一家压轧加工厂商；而与热处理部门交易的客户则以为远州工业是热处理加工厂商。购买钻床的顾客则认为这家公司就是专门生产钻床的。远州工业的销售负责人也很难把自己专业外的领域、相关的公司信息充分彻底地告诉客户；而作为客户方，不同的工序也有不同的负责人。所以，作为一家同时开展多种事业的公司，其实很难让顾客准确地认识自己。

如上所述，针对公司各个事业部门掌握的客户，向其准确地传达公司的各项事业内容，并在宣传主力商品的同时还提议相关商品的行为叫做"交叉销售"。对于远州工业而言，如何有效率地推行"交叉销售"是一个重要的课题。

▶宣传单在创造新的交易谈判上效果显著

于是该公司制作了宣传单（如本章第 7 小节所示），定期发送给客户。每当送出宣传单后，都会有顾客用附在信封里的传真专用表格索取资料。

不仅如此，该公司还运营了解决方案网站"热加工处理．com"和"pin – shaft．com"，还编写了好几本手册指南以吸引顾客。在通过宣传单引导读者登陆公司的解决方案网站的同时，用手册集揽客户。

当然，该公司的宣传单会定期发送给由上述两个解决方案网站吸引到的全部有望客户。有望客户名单可以说是公司的重要财产，而宣传单则成了有效发挥其作用的重要工具。

在开展了以上一系列的措施和行动后，比如热处理事业部门的顾客发来了包括压轧加工在内或包括机械加工在内的一条龙生产的询盘，提高了该公司每笔订单的营业额。

而且，该公司的技术专家撰写连载的专栏"加工专家之声"等内容受到了客户的好评，纷纷反馈"每期都特别期待这个栏目"、"下一期什么时候才能出"。通过降低顾客的心理戒备，营造出了一个易于开展销售活动的环境。

图 5-8　远州工业的宣传单

不仅如此，公司员工们还作为卡通角色出现在宣传单里，提高了员工们的参与意识，结果上也增强了公司内部的活力。

远州工业是一家以"技术立业"为经营方针，把工作重心放在提高技术上的厂商。然而与此同时，公司也致力于上文所述的一系列营销活动。在今后，对于所有公司而言，技术固然重要，市场营销方面的能力也是必不可少的。

一句话补充　宣传公司时会遇到意想不到的困难

如果一家公司同时开展了多项事业，实际上很难让顾客理解自己公司所有的业务。如果能准确地宣传自己公司的各项事业，将会产生大量商机。

Good!　应该定期检验宣传效果

在定期召开的销售会议上，应该定期检验发送宣传单的效果。然后根据实际成果，进行宣传单内容上的调整以及收件人和发送频率的变更等事项。

专栏 5

▷传真直邮可以"重新来过"

采用直邮的方式，发送后即使反响不好，也没办法随便修改。而如果采用的是传真直邮的方式，发送一次后发现反响不好，还能简单地"从头再来"。

本章在介绍使直邮成功的因素时，讲到了"收件人名单40%、内容40%、设计20%"。而实际上，直邮的设计，特别是宣传标语会极大影响读者的反应。

例如有一家制造商，在举办一个介绍如何用好工业机器人的讲座时，以"工业机器人技术讲座"作为标题时收到的反响很不理想，但当他们把宣传标语改为"降低生产成本 引入工业机器人讲座"后，发出传真才过了一天，整个讲座就爆满了。

另外，制作传真直邮的一方，往往加入自己的想法，很难进行客观判断。所以，如果客户反响不好，也可以把这份传真拿给实际的顾客看，直接听听他们的感想。通过这么做，制作方经常可以收到很多意想不到的好建议，比如"字体不突出，看一眼很容易扔掉"、"用我们公司的传真机打印出来时，插图是漆黑一片"等等。

由此可以看出，传真直邮这件集客工具即使遇到失败也能马上从头再来，所以最重要的是在一次次失败中反复摸索。

第 6 章　从提升形象到获取询盘！
教你活用讲座与陈列室

6－1 完善集揽顾客的销售体系！

为什么讲座和陈列室效果好

▶召开讲座、设置陈列室的目的在于提升公司形象

无论是在什么行业做生意，最关键的是在客户心目中形成什么样的形象。形象指的就是我们所要传达给对方的内容。如果没有实质，只一味宣传形象的话，生意不会长久下去。然而另一方面，不管实质内容有多么精彩，如果留给人的印象不好的话，当场就会被"三振出局"。特别是在拓展新业务时，如果第一印象留得不好，那么肯定不可能迈出第二步。

在本书第 1 章，笔者举了 K · Machine 公司的陈列室的事例。一家立足当地的机械工具贸易公司拥有自己的陈列室——按照同行业的一般认识来讲，这是无法想象的。而事实上，最初确实也有很多人表示，"就算设了陈列室，也卖不出去多少东西"。然而，建立陈列室的目的不在于进行销售。陈列室是为了提升公司形象而存在的。

回到 K · Machine 公司的例子上来，他们采取的方法是先举办免费技术讲座招集客户，并带领他们参观陈列室

从而提升公司的形象，然后才开始第一次与顾客的接触。如第 1 章所述，通过以上做法，该公司在拓展新业务上取得了巨大的成果。在此，笔者衷心希望各位读者创造一个"讲座集客→陈列室引导→提升形象"的流程，以此作为集客销售系统的集大成。

▶无论是谁，无论什么公司都办得了讲座！

看到这里，或许有些读者会担心，"我们公司可没能力开什么讲座"。这点绝不要担心。只要稍微有点想做的意思，无论是什么公司，都能够举办讲座。

在第 4 章，笔者介绍了手册的重要性。只要编成了手册，实施讲座就是可行的。这是因为，手册本身就是讲座的教材。

接下来，让讲师了解讲课时的重点。如果是没有讲课经验的人，只要进行一次彩排，无论是谁都能开办讲座。

而实际上，笔者让自己担任顾问的所有企业都举办了讲座。有的公司，甚至是公司老板亲自出马担任讲师。一开始时，大家都没有自信，觉得自己肯定不行，但经过一次彩排并传授讲课时的注意事项后，所有人都成了颇受好评的讲师。其实，能当上公司高管的人，原本就对自己公司的商品或者服务有相当强的感情。所以只要在讲座上能把这些深刻的认识传达出来，那么就算口才多少有些缺陷，也肯定能唤起听众的共鸣。

▶把陈列室也当成"销售员"！

在举办讲座并集揽了有望客户后，还应该把他们引导到公司的陈列室，在此提高企业的形象。或者可以实际进行商品的试操作，促进产生交易谈判的机会。

无论是建立还是维持陈列室都要花费成本。但是希望各位读者意识到，陈列室与网站一样，都是超级优秀的"销售员"。把陈列室所耗成本与雇用一个销售员的所耗成本进行比较的话，陈列室的性价比非常高。

比如最近在日本，越来越多的住宅改造公司以"工作室"之名设立自己的陈列室。住宅改造公司这种性质的企业，绝大多数都是立足本地型的，以往的主流做法是带着顾客去参观生产厂家的陈列室。

不过，住宅改造公司本身的规模小一点也无所谓，重要的是拥有体现公司特色的陈列室。这样可以获得有望客户的信赖，易于发展到签约的环节。所以希望各位读者理解，"谁都能开得了讲座"；"陈列室是超级优秀的销售员"。本章将顺着这一思路展开更详细的讨论。

讲座和陈列室的有效性

举办讲座与设置陈列室的目的

做生意最重要的是"留给顾客什么样的印象"

举办讲座、设立陈列室的目的在于提升公司的形象

● 做生意最重要的是留给顾客的印象

● 特别是在拓展新业务时，如果留的印象不好，就不可能
迈出第二步

● 开办讲座、设立陈列室的最大目的在于提升公司的形象

如何一步步成交

目的	集揽客户 提升公司形象	产生交易谈判 提升公司形象	成交
手段	免费讲座	陈列室	销售员

图 6-1　讲座和陈列室的有效性

Stop！　　**"被动"的陈列室**

如果一开始就想着"建成陈列室后，真的会有人来吗"，是肯定不行的。必须想着"如何才能让人来到陈列室"，以积极主动的态度设计策划陈列室。

一句话补充　**推进销售的设备产业化**

销售是一项劳动密集型的工作。在公司设置陈列室或讲座教室可以促进销售设备的产业化，进而有助于与其他公司拉开较大的差距。

6-2　如何策划一场"客满为患"的讲座

讲座的关键在于主题！主题好坏基本决定了客户数量

▶讲座作为集客手段的特点

讲座与网站、直邮或者传真直邮一样，是集揽顾客的手段之一。在前面的几章介绍过，这些集客手段各有特点，要根据不同的目的区分使用。那么当我们把讲座看作一种集揽顾客的手段时，它具备哪些特点呢？

①可以使公司形成品牌，提升公司形象

②可以让推销一方占据优势地位

③能够把顾客实际邀请过来，起到了集揽顾客的作用

在所有集揽顾客的手段中，讲座所独有的优势在于我

方在身为推销一方的同时，仍能占据主动地位。也就是说，讲座适合于为那些推销反而不好卖的商品或服务集揽顾客。比如"商务咨询"就属于此类商品或服务。此外，销售"信息系统"、"IT 服务"等时也会经常采用讲座的形式。

▶讲座的3种类型

当公司举办讲座时，可以从以下所示的 3 种类型中进行选择：

①公司内部讲师举办的讲座

②外聘讲师举办的讲座

③公司内部讲师与外聘讲师合作举办的讲座

当由公司内部讲师主持讲座时，讲座的内容基本上必须由公司自己思考，而且讲师也必须掌握最基本的授课技巧。这种讲座虽然难度有些大，却是最适合提高公司地位的形式。

当公司自己没有讲课内容也可以聘请外面的讲师举办讲座。所以为了提高自己公司的地位，应该突出自己公司策划讲座的特色，例如制定一个整年授课计划等（请参考本小节最后的范例）。

特别是如果从外部聘请来了著名专家，将非常有利于吸引顾客。但即使在这种情况下，最好也能像③一样，有意识地强调公司内部的讲师，以提高公司地位。

即学即用！工程师培训！

京都生产技术讲座

2009年度日程一览表

次数	讲座主题		举办月份
第1讲	轴承基础技术 · 选择轴承的基础知识 · 寿命计算、维修基础知识	讲师：帅不二越（NACHI殿）	1月
第2讲	电力控制（机器人篇）基础技术讲座 · 控制技术的基础知识 · 操作环境及其影响、应用实例	讲师：㈱アイエイアイ殿	2月
第3讲	齿轮基础技术 · 齿轮的种类、选择、材料与淬火、保养等 · 齿轮生产流程	讲师：小原齿车工业㈱（KHK）殿	3月
第4讲	电力控制（马达篇）基础技术 · 换流器与马达控制基础 · 选择马达的基础知识	讲师：三菱電機㈱殿	4月
第5讲	通过传感器改进生产、制造流程 · 根据不同行业与目的选择光电传感器与图像传感器 · 引入案例介绍	讲师：オプテックス・エフエー㈱殿	5月
第6讲	触摸板（带控制装置显示器）的基础技术 · 实际试操作 · 不同用途解决案例之介绍	讲师：㈱デジタル殿	6月
第7讲	传送带的基础技术 · 传送带的种类、选择方法、应用实例 · 生产与物流领域的运送系统	讲师：三機工業㈱殿	7月
第8讲	显示灯、显示板选择技术 · 推进工厂的"可视化" · 不同用途导入实例之介绍	讲师：㈱パトライト殿	8月
第9讲	滚珠丝杠、LM导轨的选择技术 · 扭力、工作负荷、寿命的计算方法 · 发动马达的选择方法、轴配置、润滑形式	讲师：THK㈱殿	9月
第10讲	传感器基础技术讲座 · 自动化基础与传感器 · 各传感器的基础知识(结构、原理、商品概要、特征、种类)	讲师：パナソニック電工㈱殿	10月
第11讲	传导器的基础技术 · 齿轮马达、减速机选择之基础知识、维修养护 · 齿轮选择的基础知识	讲师：㈱ニッセイ殿	11月
第12讲	气动元件的基础技术 · 净化空气系统（吹风机）的选择	讲师：CKD㈱殿	12月

（注）※讲座内容与讲师单位可能进行更改
※有关讲座实施的详细内容，原则上在举办讲座月份前一个月另行介绍
※有关讲座事宜，请拨打电话075-672-4454（负责人：山本）垂询

K·Machine股份有限公司

总部
邮编601-8318 京都府京都市南区吉祥院三宫西町70
电话：075-672-4454 传真：5-691-5004

滋賀营业所
邮编528-0042 滋贺县甲贺市水口町虫生野中央43 Light City Building 1F
电话：0748-65-5052 传真：0748-65-5054

◆这份讲座日程表始终以解决顾客的问题为目的，完全看不到任何推销公司商品的影子

图6-2 年度讲座策划范例

▶集揽顾客的多少取决于讲座题目

举办讲座最重要的目的，首先是集揽顾客。集揽顾客时最为关键的要素是讲座的题目。给讲座定题目时应该注意以下几点：

①绝对不能推销公司的商品

②内容应该尽可能具有普遍性

③内容应该让听众便于解决问题

事实上，以上要领与编写"叫好又叫座"的手册的注意事项完全相同。笔者在上一小节曾讲到，"手册的内容直接就可以当作讲座的教材"。所以，其实"较好又叫座"的手册和"客满为患"的讲座的要领几乎是一样的。

给讲座定题目时最不可取的是让人联想到纯粹的"兜售"商品。比如说，如果定的题目是"新商品○○降低成本的实例"的话，怎么听都像是要推销新商品。所以，为了改变这一印象，应该把题目定为"钻孔加工的加工条件设置与节省成本的要点"。至于新商品的介绍，只要在讲座进行中不经意地提及即可。

要　点	利用讲座讲师派遣公司

上网搜索可以发现，日本有很多家派遣讲座讲师的公司。除了公司自行寻找讲师外，借助这些专业公司的帮助也是一种方法。

182

6－3 通过讲座集揽顾客的具体方法

举办一场客满为患，订单纷纷而至的讲座！

▶5大集客方法

那么具体来讲，举办讲座时应该用哪些手法集揽顾客呢？以下5点是通过讲座集揽顾客的具体方法：

①通过直邮广告集揽顾客

②通过传真直邮集揽顾客

③通过网站集揽顾客

④通过宣传单集揽顾客

⑤通过各种广告媒体集揽顾客

在以上5种方法中，①通过直邮广告集揽顾客和②通过传真直邮集揽顾客特别有潜力成为强有力的集客手段。

通过网络、宣传单、各种广告媒体吸引顾客的手法应该看作是辅助完善①和②的手段。比如，网站在这里的目的，是通过经由直邮广告和传真直邮的引导（交叉传媒），介绍更详细的信息。

宣传单的用途是充分向现有客户和有望客户进行宣传。各种广告媒体上打出的讲座宣传，也应该定位成补充完善直邮广告和传真直邮。

▶按照不同目标改变集客手段

那么，应该如何区分利用直邮广告和传真直邮呢？

比如说，如果讲座的集揽对象是公司老板或高管们，就应该利用直邮广告。发送直邮广告可以看作是送上"亲笔信"，但是传真直邮则给对方留下非常随便的印象。更何况讲座的集揽对象是员工上百人的公司老板，传真直邮肯定是不会交到本人手上的。

但是，如果讲座的集揽对象是企业的总务负责人、中层领导或者工厂的生产技术负责人、中层领导时，发送传真直邮也没有问题。

在第5章曾介绍过，在除了网站以外的各种集客手段中，性价比最高的就是传真直邮。考虑到所耗成本和工夫的话，不可能为了举办一次讲座就发送好几次直邮广告。换句话说，发送直邮广告就等于搞"一锤子买卖"。

但是，如果是发送传真直邮，就可以更改标题或设计等，在实践中反复摸索尝试。

做生意的方法在于如何尽可能地排除"赌博性因素"。搞"一招定胜负"，如果运气好，取得了成功自然最好，但一旦失败就再也站不起来了。

通过讲座集揽顾客时，事前准备必须保证绝对不能失败。

致生产技术、设计、维修、物资采购的有关负责人

免费讲座

立竿见影 即刻节省成本

限定20名 报名从速
免费参加讲座

生产现场节约成本之技巧方法

由擅长设备诊断、电装工程的三笠制作所主办！免费举办技术讲座！

如今经济景气急转直下，仿佛大地震或海啸袭来。火速即刻见效的节约成本，已成为企业得以生存的大前提。第1讲题目以削减生产设备维护费用为目的的预警维修，推进削减维修保养费。第2讲题目实施即刻生效的配电柜的小型化及削减成本，以降低导入价格。本系列讲座应用了改进的实际案例，望生产技术、维修、设计、物资采购各相关负责人踊跃报名参加。

本讲座使用的教材配有插图，直观易懂，能让您学即用。

14:00 ~ 15:15（13:30起办签到）
节省设备维修保养费用之技巧方法II
~ 实现节约设备维修保养费用的现场改进案例 ~
讲师：松本佳和（株式会社三笠制作所 CBM事业部）

15:30 ~ 16:45
配电柜制造的小型化节约成本之技巧方法
~ 配电柜的小型化、降低成本之技巧方法 ~
讲师：石田繁树（株式会社三笠制作所 董事长）

【会场】株式会社三笠制作所 扶桑工厂 讲座室
【日期】2009年7月15日（周三）14:00 ~ 17:00
【报名方法】
请在以下报名表内填写必要事项后直接报名。随后将为您邮寄听课证和地图。

前20位报名者
免交报名费

报名请至（股份有限公司）三笠制作所 事务局　负责人：小岛

传真：0587-91-3662
【URL】http://www.mikasa-med.co.jp
【e-mail】mikasa@mikasa-med.co.jp
FACSIMILE
电话请垂询：0587-91-3661

公司名称		地址	
电话	— —	传真	— —
姓名	职务	姓名	职务

※如果贵公司有3位以上希望听我们的讲座，请将此表格复印并填写后一并报名
※如果贵公司今后不希望收到此类传真，请您在右侧□处打钩并告知我们 □

◆该讲座宣传传真以各项工作负责人级别的人士为对象。
　对于总经理或高管，应使用直邮形式

图6-3　集客讲座的传真直邮范例

▶介绍讲座的直邮信件，应该在举办的40天之前发送

影响前来参加讲座的顾客数量的因素有讲座题目、内容、（传真）直邮设计等。这里还有两个更重要的因素，分别是收件人名单的精确度和发送信件的日期。

笔者每年要参与举办上千场讲座。其中参与人数不理想的讲座有一个共性，即信件的发送时期太晚。具体来说，在距离讲座举办还有不到 30 天时才发送信件的，到场客户的数量都非常不理想。根据笔者的个人经验，发送（传真）直邮的日期最好定在讲座举办的 40 天之前。以这一天为起点倒着计算，明确应准备的各种事项，并有计划地做好准备工作，对于集揽顾客而言是必不可少的。

要　点　通过限制会场人数促进报名

在对讲座进行宣传时，以"先到〇名为止"的形式限制参加人数，可以促进顾客报名参加。在宣传讲座时，强调"限制人数"比宣传"实惠"、"便宜"更有效。

一句话补充　举办讲座集揽顾客也要用上交叉传媒

举办讲座集揽顾客时，应用交叉媒体的思路也效果显著。比如，可以在直邮广告快要到达收信人之前发送电子杂志，并在杂志里告知读者即将召开讲座，并将发出直邮广告。

6-4 成功的讲座关键在于计划与统筹

讲座的准备工作与当天执行的注意事项

▶从决定日程到当天执行的流程

上一小节曾介绍过，（传真）直邮的发送时期是成功举办讲座的一个重要因素。换句话说，举办讲座必须具备极高的计划性。所以，讲座的准备工作首先要从制定实施讲座的日程开始。

讲座的准备工作基本上要从召开前 3 个月开始逐步进行。从讲座举办之日倒着计算，明确在什么时间之前必须完成哪些工作。特别是预计发送（传真）直邮的日期最为重要。发送直邮信件时需要进行印刷、装入信封、粘贴收件人信息等工作，所以要在估算这些工作的前置期（完成期）的基础上制定直邮文章完稿为止的日程安排。

在讲座举办当天的执行工作，其事先准备也非常重要。具体来讲，以下 3 点非常重要：①制作当日用品清单②制订当天活动执行时间安排③事先分配执行讲座的领头人和各工作人员的具体职责。本小节最后为读者展示了当天用品清单的示例。

如果讲座在执行当天出现混乱情况，就说明包括事先安排活动日程在内，准备不充分。此外，如果没有明确执行讲座的工作人员中谁是负责人，也会发生混乱。必须在讲座的讲师之外决定一个执行讲座的负责人，并明确各工作人员的职责与分工。

▶通过讲座集揽顾客后如何发展到获得订单

讲座不是为了举办而举办，要以讲座为契机诱发交易谈判，以发展到签订合同。为此应该注意以下几点：

① 不要让讲师做演讲之外的任何工作

② 通过回答调查问卷或举办免费咨询会等方式创造产生交易谈判的机会

③ 寄送手写的感谢信

不让讲师做多余的工作是指不让讲师在客户看得见的地方调整投影仪或者擦黑板等。如果让讲师干这些杂活的话，会降低作为讲师的品牌价值。这样进而会降低公司的品牌价值，最终可能导致发生交易谈判及接受订单的几率降低。

不仅如此，为了在举办讲座后获得订单，最为重要的是②，即创造从讲座到交易谈判的引线。具体的方法有"问卷调查"和"开免费咨询会"。

让我们看一下怎样的调查问卷有利于诱发交易谈判。

---

① 第 1 讲是否对您有益？

1. 很有帮助　2. 一般有帮助　3. 没有帮助

② 第 2 讲是否对您有益？

1. 很有帮助　2. 一般有帮助　3. 没有帮助

---

③ 工作人员的举止是否让您满意?

1. 很满意　2. 一般满意　3. 不满意

④ 您是否对弊公司的商品感兴趣?

1. 想进一步了解　2. 希望获取相关资料　3. 没兴趣

⑤ 是否希望弊公司为贵公司免费诊断?

1. 希望　2. 愿意考虑　3. 不希望

以上问卷调查的内容非常便于在举办讲座后进行客户跟进。此外在讲座结束后策划举办免费咨询会等也能把顾客引导向交易谈判环节。当然,在讲座的参加者中找出有望客户,并对他们每一个发送宣传单也是必不可少的。

一句话补充　站在听讲人角度进行事前核对

在举办讲座之前,应该站在听讲人的角度进行方方面面的确认核实。例如从车站走到会场是否会迷路,从建筑物入口到会场所在房间是否会迷路等等。

要　点　问卷调查是交易谈判的敲门砖

问卷调查是进行顾客跟进的敲门砖,非常重要。问卷一定要收回来。可以在讲座结束后再次提示听众填写问卷。

讲座当天用品清单示例

报名用品

① 参加人名单
② 发票、零钱、印章（举办收费讲座时）
③ 计算器
④ 圆珠笔
⑤ 荧光笔
⑥ 胶带纸
⑦ 用于指路的会场地图
⑧ 草稿纸

分发物品

① 讲座教材
② 调查问卷
③ 公司简介
④ 信封

会场布置用品

① 电脑
② 投影仪
③ 延长接线
④ 白板
⑤ 白板专用记号笔
⑥ 吸铁石
⑦ 激光笔、教杆

图6-4　讲座当天用品清单示例

6-5 只要掌握几点要领，谁都可以成为专业级讲师！

在讲座上进行演讲时的要领

▶公司老板和生意人必须具备演讲技能

笔者希望读者所在公司的商品或服务能体现为"手册"和"讲座"。与此同时，中小型企业的总经理，以及中坚企业、大型企业的事业负责人应该学会亲自举办讲座。也就是说，从今往后，对于公司老板和生意人而言，在讲座上演讲将成为必备的技能。

笔者曾在前文中提到，笔者让自己担任咨询工作的公司几乎都举办了讲座。对于没有讲师经验而没有自信的人，笔者会在船井总研的讲座室里进行实际辅导，传授经验。

作为一名讲师，最不应该做的是"照本宣科"地拿着演讲稿念。从来没有过讲课经验的人由于非常害怕失败，所以总想拿着稿子读。干巴巴地读演讲稿，只会让人听着难受别扭。不过，笔者倒不是建议大家即兴发挥。作为一名还没有太多讲师经验的人，不要加入即兴的内容，而应该按照教材顺序展开演讲。

刚开始做讲座讲师的人，在讲座时应该使用幻灯片和投影仪。并且自己想说的内容要全部放到幻灯片的画面上

（可以只写关键词）。

然后不要原原本本地念出来，而应该像与人交谈时一样，抑扬顿挫地读出来。此时还要根据具体场面间的发展进行衔接，自己加上承前启后的句子，比如"下面请翻到下一页"、"接下来谈第二点"等等。

如上所述，作为一名经验不多的讲师，应该注意的事项包括"不照原文死念"和"忠实于教材（在相当熟练之前不即兴发挥）"。

▶演讲时唤起听众共鸣的要领

进行讲座时还有一点非常重要，即如何唤起听众的共鸣。为此，"讲师形象"、"视线"和"谈吐"是非常重要的因素。

关于"讲师形象"，首先得体的服装和发型是绝对必须要做到的。得体的服装指穿西装、打领带。不能穿花哨的彩色衬衫，要选择正式的商务款式。

关于视线问题，最不可取的是盯着手头的稿子进行演讲。当需要确认稿子时，原则上不要看手头的稿子，而应该看着投影仪打出的幻灯片。

▶演讲时对视的技巧必不可少

此外，与听众间的目光接触也非常重要。目光接触是

讲座演讲的要领

1 不死念稿子。要像与人交谈一样，说话时抑扬顿挫。

2 利用好演讲用的软件（PPT）和投影仪

3 在习惯演讲前不要增加背诵内容，要按照教材顺序演讲

4 想讲的内容全部写在稿子里（可以只是关键词）

5 尽量不看手头的稿子。想确认稿子内容时，应该看投影仪上打出的文本内容

6 保持良好的形象，从服装、发型到表情和视线

7 与听众有眼神之间的交流

8 声调尽量压低，语速不宜过快，以比较舒缓的速度讲话

9 确保事前的会场布置和资料分发万无一失

●举办讲座时，研究内容固然重要，同时，讲师的形象、气质和谈吐方式也会给听众留下深刻印象

●不仅要注意目光交流和"声调高低、语速快慢"等细节，还要确保会场布置和资料分发万无一失

图6-5　讲座演讲的要领

指自己与听众的眼神间的交流。

每当讲座到了关键部分时要与听众进行眼神交流，最少要保证每翻动一张幻灯片，与听众进行一次目光接触。

如果听众只有几个人，应该与在场所有人进行眼神交流。如果不习惯与听众眼对眼，可以看着对方的领带部位。

当人数众多时，应该把视线均匀地投向从离讲台最远到最近的区域。

此外，"声音的高低和快慢"也是唤起听众共鸣的重要因素。说话时声音应该尽量放低，语速不宜过快，应该用比较平缓的速度讲话。

当然，为了获得参加者的共鸣，注意"形象"和"谈吐"固然重要，但确保事前的会场布置和资料分发万无一失才是大前提。

Stop！ 边看手头的演讲稿边讲话

边看手头的演讲稿边发言是演讲的一大忌讳。虽然可以在话题与话题之间看看稿子，但还是应该做到看着投影仪打出来的文本内容进行演讲。

6－6 集揽顾客后如何进行跟进？

仅凭集客还出不了成果！教你如何通过跟进顾客获取询盘

▶要本着走访所有顾客的原则进行事后跟进

通过讲座集揽到客户后，如果不踏实地做好事后跟进工作，大多数情况下都不会获得成效（这句话也适用于利用网站集揽顾客）。也就是说，在走访客户之前就认定登门拜访也肯定没戏，或者由于日常工作繁忙而怠慢了好不容易集揽来的有望客户，这样的行事方法肯定不会带来满意的成果。

那些成效显著的公司，都在集揽顾客后的跟进工作上倾注了全力。他们甚至会登门拜访那些连笔者都觉得不太可能获得询盘的客户，并最终取得了成绩。

人这种动物，潜意识里思考的事情会在本人也没有意识的情况下表现在行动上。"反正进行跟进也定不下来……"、"日常工作已经够我忙的了……"，如果在进行事后跟进时抱有这些想法，那么工作肯定不会进行得顺利。所以说到底，最后决定生意成功与否的是"积极性"。也就是说，事后跟进工作也必须本着拜访每一位顾客的精神去完成。

▶事后跟进工作首先从对有望客户分级做起！

不过话虽如此，把所有顾客拜访个遍很难实现，而且一个人的精力也不是无穷无尽的。事后跟进应该按照以下步骤去做：

第1步：对客户分级

第2步：进行电话跟进

第3步：登门拜访

第4步：对事后跟进做出评价总结

第5步：寄送宣传单

事后跟进的第一步是对有望客户进行分级。一般分成A级、B级、C级3个级别。以下是有望客户的分级标准示例。

A级……以登门拜访为前提约定会面的

B级……如果对方希望则约定会面的

C级……不进行事后跟进

比如A级的标准还可以是"已产生交易谈判的客户"、"虽然交易谈判尚未发生，但我方想争取的客户"或者"距离近，容易跟进的客户"等等。B级的标准可以是"只要对方有需求我方就去争取的客户"或者"虽然想争取但距离较远的客户"等等。C级是指根本就成不了有望客户，或者没有访问必要的客户。

集揽顾客后推进跟进的方法

集揽顾客后推进

第1步	对客户分级
第2步	进行电话跟进
第3步	登门拜访
第4步	对事后跟进做出评价总结
第5步	寄送宣传单

首先从"客户分级"做起！

分级示例

A级……以登门拜访为前提约定会面的

B级……如果对方希望则约定会面的

C级……不进行事后跟进

- 分级不能仅凭负责人的一己之见，应该由销售总指挥掌握主导权，以整个公司的标准进行分级

- 分级最多只能分为3个级别。如果级别分得太多，就很难直观地把握各级别之间的区别，不适合实际的运用

定期对事后跟进做好总结评估，在全员间了解跟进状况，制定对策。

图6-6　集揽顾客后推进跟进的方法

▶客户分级不能根据个别人，而应该基于整个公司

这里需要特别注意的是，对有望客户分级不能依靠单个人，而应该以公司整体为单位分级。如果根据个人判断进行分级，不同人之间在判断上的差异将会影响到分级。

比如，以公司的角度出发，某个客户被分为 A 级，但根据某个人的判断则被分在 B 级或 C 级是常有的事。反之亦然。

因此，公司要明确对有望客户分级的判断标准，与此同时，还应该让销售技能高的、能够做出准确判断的人担任总指挥，带动整个工作。

而且，一旦开始进行事后跟进工作，要以总指挥为中心，定期对事后跟进进行评价总结。在评价总结会议上，要让全体工作人员了解计划的实际进展状况，并思考其后的对策。

笔者在上一小节中曾提到过，举办讲座时，为了让讲座圆满进行，总指挥的地位是不可忽视的。这也同样适用于事后跟进工作。特别是中小企业，总经理应该作为总指挥亲自上阵，推进事后跟进工作的执行。

Stop！ 事后跟进工作也要指定总负责人

不仅执行讲座需要总负责人，讲座结束后进行跟进时也要指定一个总指挥，在整理跟进状况的同时在全员间共享信息，推动整个工作的进行。

6-7 利用陈列室提高业绩！

陈列室是提升公司形象和诱发交易谈判的平台

▶陈列室对所有行业种类与形态都有效果！

在前面的章节里，笔者已经从各个角度介绍了陈列室的有效性与必要性。在本小节，将重新归纳设置陈列室的目的。

① 作为提升公司形象的场所

② 作为诱发交易谈判的场所

③ 作为成交的场所

笔者曾在前文中举过立足当地型住宅改建公司的例子，这些公司不再依靠制造商的陈列室，而是设立了有自己公司特色的陈列室，取得了显著的成果。不过，不仅是住宅改建公司这样的销售型公司，陈列室对其他类型的企业也同样有效。

比如进行零部件加工工厂，在与新客户谈生意时，对方一定会要求参观工厂。这种情况也可以把整个工厂看作是一个陈列室。再比如工业机械制造商，顾客第一次购买公司的机械时，肯定会要求测试加工。进行测试加工的场所应该就可以看作是一个陈列室。如此看来，陈列室对所有行业种类与形态都是有效果的。

▶陈列室的策划从明确 KFS 开始！

那么，既然公司决定花成本成立陈列室，就应该将其最大限度地用在公司各项事业上。为此，首先应该思考的是公司的 KFS（key factor to success，成功的关键）是什么。

例如在上一章，笔者曾经讲过，销售轿车的 KFS 是"试驾"。据说愿意试驾的有望客户中，20%～40%的人最终购买了车辆。再比如，销售机床的 KFS 就是测试切割。

在第 3 章中，笔者举了高砂工程这家燃烧机生产商的事例。该公司把 KFS 定位为"燃烧测试"，并成立了燃烧器测试中心。简单来说，这个测试中心就是该公司的陈列室。

如上所述，在把握了公司的商品或服务的 KFS 的基础上设计陈列室，不但会获得形象提升的定性成果，还能获得诱发交易谈判并发展到签订合同的定量成果。

▶陈列室对供货商或应聘学生同样有巨大效果！

成立陈列室不仅对客户有效，对"供货商"或"招聘学生"也能产生良好影响。

比如在第 1 章介绍的立足当地型贸易公司 K・Machine，该公司通过成立陈列室提升了供货商对自己的印象，于是一些大型的批发贸易公司优先给该公司发来各种各样的商品信息。而且，生产厂家在了解到该公司有陈列室后，纷纷要求把自己商品的展示机摆放在陈列室里。由此，该公司建立了与制造商之间的深厚联系。

不仅如此，成立陈列室还能起到向圈外人士简明介绍公司业务概况的效果。这将对应聘学生等希望在此工作的人产生积极的影响。

如何利用陈列室提高业绩

设立陈列室的目的

① 作为提升公司形象的场所

② 作为诱发交易谈判的场所

③ 作为成交的场所

为了把陈列室与诱发交易谈判、成交联系起来，必须明确公司的KFS

KFS示例

◆ **轿车……试驾**

◆ **机床……测试切割**

◆ **工业用燃烧机……测试燃烧**

◆ **测量仪……测试测量**

在把握公司的KFS的基础上策划陈列室，不但可以提升公司形象，还有助于诱发具体的交易谈判和签订合同

图6-7　如何利用陈列室提高业绩

特别是对中小企业而言，有一个共同的烦恼，就是很难获得优秀的人才。常发生需要的人才没抓住的事情。没能给求职者留下清晰深刻的印象，或者没能准确充分地表达公司的事业内容都是重要原因。而设置陈列室对于获得人才也有很积极的效果。

综上所述，正因为同行业的其他公司没有陈列室，自己公司通过建立陈列室就可以与其他公司拉开相当大的差距。

一句话补充 活用 KFS 的成功事例

传感器制造商基恩士（KEYENCE）是把 KFS 应用在生意中并取得成功的实例。该公司在把 KFS 定位为测试机的租赁后，成功扩大了业绩。

一句话补充 招聘员工时，公司"门面"也很重要

以法人为对象、主要进行巡回销售的公司不同于零售业，公司本身的外观形象基本不会直接影响到生意好坏。但是在招聘新员工时，有可能会因为"门面"问题而放走公司打算录用的人。

案例 以讲座和陈列室作为武器开展新业务
三笠制作所的讲座与陈列室战略

▶好评如潮！公司独创的技术讲座实现集客率 100%

第 4 章也曾介绍过三笠制作所的案例，在该公司的拓展新业务战略中，"免费技术讲座"和堪称全日本独一份的"配电柜陈列室"发挥了巨大的作用。前文曾介绍过，该公司建立了一条"讲座吸引顾客"→"引导入陈列室"→"提升公司形象"的连锁，把诱发交易谈判及成交作为"体系"来执行而取得了成功。

特别是该公司举办的免费技术讲座，甚至获得了日本屈指可数的大型生产商的支持，成为了继网站之后的又一集客支柱。

以下是该公司曾举办过的免费技术讲座示例：

① 节省设备维修保养成本之技巧方法——延长生产设备寿命、节约成本的现场改进案例

② 通过小型化制造的配电柜节省成本之技巧方法——通过小型化配电柜降低成本之技巧方法

③ 配电柜、电装产品降低成本 35% 之技巧方法——日本国内、中国采购低价格高质量用品之实例

该公司每个月都会在公司总部的讲座教室举行这种免费的技术讲座。该公司的讲座教室可以容纳大约 25 名听众，每场几乎都会爆满，气氛热烈。集揽讲座听众的方法主要是发送传真直邮，不过最近通过客户宣传后慕名而来的听众也越来越多。

该公司定期举办的讲座内容丰富多彩。讲座的讲师基本上是该公司的员工，不仅如此，还有配电柜专用机器制造商（相当于该公司的供货商）在得知该讲座后，主动提出举办讲座。

▶在日本唯一的配电柜陈列室成交生意！

该公司的 1 楼还有一间堪称日本独一无二的配电柜陈列室。在技术讲座结束后，会让听众们参观这间陈列室。本小节所附照片就是该公司陈列室的样子。

这间陈列室具有咖啡厅般的感觉，向顾客提供免费饮料以营造融洽的气氛。而且，该公司还展示了在中国工厂以低成本生产的配电柜用的箱子等物件，向顾客表明可以用低廉的成本制造出丝毫不逊色于日本国内制造的产品。

第 4 章还曾介绍过，该公司在配电柜的小型化技术上有优势。所以陈列室还放置了样品配电柜，展示给人们与通常配电柜相比，实际能缩小到何种程度。这样的机制让顾客们在参观过陈列室后，能够产生新的询盘或交易谈判。

▶工厂也是陈列室！ 变成可供人参观的工厂！

而且该公司还把工厂看成一个陈列室，积极采取 5S 等行动，致力于让工厂化身为一个陈列室，达到可供人参观的状态。

该公司还致力于创造工厂本身的差异性。作为一家配电柜生产商，拥有为数不多的洁净室，形成了还可以生产面向清洁环境的配电柜的体制。该公司也一样，在开始进行新交易前，顾客一定会参观工厂。

不过，该公司在让顾客参加过讲座后就带领其参观工

◆三笠制作所的陈列室布置了各种易于获得新询盘的"机关"

图6-8　三笠制作所的陈列室

厂，实际上营造了一个易于获得询盘的环境。

如上所述，该公司通过实施免费技术讲座及利用陈列室发布信息，反而有大量信息主动汇集到了该公司。而这些信息又进一步提高了该公司的技术实力和市场营销能力，形成一个良好的循环。

要　点　制造业与节约成本

作为以制造业为对象吸引客户的宣传词，获得最多反应的就是"节省成本"这个词。日本制造业面临着与海外的激烈竞争，节约成本是一个重要的关键。

名词解释　5S

5S 是"整理"、"整顿"、"清扫"、"清洁"、"素养"的略语。其应用就表现在工厂里的"定置管理"及"目视管理"上。5S 是工厂管理的基本概念。

专栏 6

▷讲座教室和陈列室都是生产设备

大多数中小型企业开展的是"劳动密集型"业务。所谓"劳动密集型",是指为提高销售额只能单纯增加人数的商业模式,或指依赖于个人技能的"以人为本"的商业模式。

与"劳动密集型"相反的概念是"资本密集型"。所谓"资本密集型"是指,拥有参与壁垒较高的设备(如联合企业或成套设备等)的,类似于"设备产业型"的商业模式。

如果自家公司想与同行业对手公司间拉开差距,脱离纯粹的价格竞争,就必须以某种形式逐渐让公司的商业模式向"设备产业型"靠拢。只有花费投资成本,并拥有需要知识技巧才能运用的设备,才能在真正意义上实现差异性。

从上述意义来讲,讲座教室和陈列室应该看作是公司拥有的"设备"。实际上,与笔者有关联的某印刷公司,在大阪市内的公司总部及位于东京都内主要车站前的营业所内都设置了讲座教室,充分用来吸引顾客。而且,该公司还会把讲座教室租赁给顾客,让顾客用作制作商品综合目录时,向相关交易伙伴举行说明会的会场。通过诸如此类亦可看作销售代理的活动,创造了与竞争对手间的差异性。在这样的努力下,该印刷公司连续 5 年实现了持续增收。

第7章 终极"机制化"模型
——"B2B网购"

7-1 "网购" 可以实现销售流程的全自动化

网购越来越受到关注

▶ "网购"的市场规模超过便利店，是为数不多的成长型商业活动！

拓展新业务的"机制化"应该看作是"集揽顾客→成交→顾客跟进"的过程。在前面几章中，特别就"集揽顾客"及"顾客跟进"的自动化进行了说明与阐述；而使交易谈判发展为签订合约的"成交"，其前提则是由"人"来完成。

本章将为读者介绍网购业务。它的最大特点就是能够使"集客"、"成交"、"顾客跟进"等所有过程全部实现自动化。从这个意义上来讲，网购业务堪称是在真正意义上实现了"机制化"的商业模式。

网购是最受人们关注的流通渠道。比如在今天，以百货店为代表，包括药店及便利店等在内，几乎所有的流通渠道的销售额与上一年相比都有所下降。而在这样的环境中，只有网购业务仍在维持发展。据称网购的市场规模有

8 兆日元，这已经超过了便利店的市场规模。相信各位读者能够认识到，网购是现在最受瞩目的流通渠道。

▶在不断缩小的市场中也能扩大业绩！

网购是只要成功，就能实现突飞猛进成长的业务。比如笔者担任咨询顾问的某家企业，在每年市场以接近 10% 的速度不断缩小的行业里，开始推行 B 2 B（面向法人企业）的网购业务。在着手网购业务前，即在该企业还是一家以进行人员推销为主的批发商时，年销售额为 2 亿日元；而在开展了 B 2 B 网购业务后，持续稳健发展，5 年时间里实现了年销售额 15 亿日元的成长。如果是一般的人员推销，肯定是无法实现如此成长的。

"印刷网购"是今天倍受关注的网购领域之一，即可以通过在网上输入用于印刷的稿件资料，然后就可以下单要求印刷及装订。印刷市场本身是一个市场规模逐渐减少的萎缩型市场。但是，开展印刷邮购业务的龙头企业却实现了在 1 年时间里把 15 亿日元的销售额翻了一番的成长。可以看出，在萎缩型市场里仍能实现业绩的惊人扩展是网购业务的一大特征。

▶网购为何可以实现惊人的成长？

网购的益处主要有以下 3 点：

① 不必为了提高销售额而增加销售人员

② 不必为了扩大商业范围而增加营业点

③ 能够采取以临时工、钟点工为主的作业操作

采用人员推销时，如果想提高业绩，最大的难题就是如何保证销售人员的数量。而中小型企业，不但在获得人才上要费工夫，在录用后还要花时间进行教育培养。而且，随着人数增多，管理上的问题也随之而来，所以又需要雇请能够认真管理的经理。以上这些人员问题以及教育、管理的问题是人员推销时最大的难题。

而且，公司为了扩大业绩，必须不断扩大业务区域。采用人员推销时，要想扩大业务区域，就必须不断建立营业所等销售网点。设立销售网点不但要花费成本，而且像在今天这样的市场成熟期，要想让新设立的营业所收回成本、开始赢利，需要相当长的时间。

在这些方面，如果开展网购业务，不但不需要销售员，而且只要通过1处网店就能够以全国乃至全世界为对象开展生意。而且工作本身并不要求熟练精通的操作，所以只要业务步入正轨后，就能够以雇用钟点工或临时工的形式对应。

如上所述，"管理"、"教育"、"生产率"是提高销售额的障碍，而采用邮购方式就可以一一克服，所以能够实现惊人的成长。

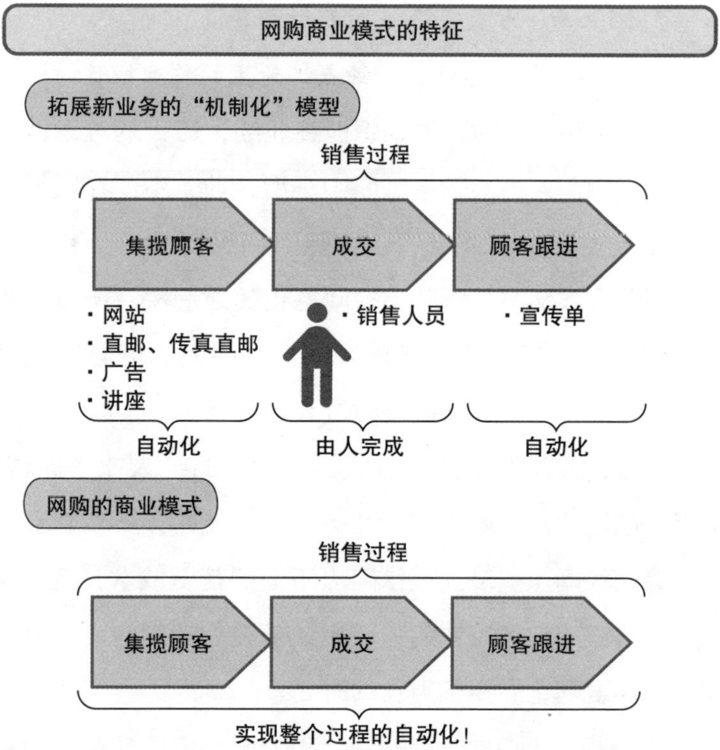

图 7 - 1　网购商业模式的特征

一句话补充 网购是设备产业

通常的人员推销具有劳动密集性，相对于此，网购以商品目录或在线商城等"设备"为中心，资本密集性较强。网购是需要最低限度的初期投资的商业模式。

名词解释 销售额公式

"销售额＝商品的市场规模×交易圈子×交易圈内份额"。销售额可以写成上述公式。在以上因素中，网购可以急剧地扩大"交易圈子"，所以才能实现业绩的惊人增长。

7-2 目标无疑应锁定在"B2B网购"上！

B2B与B2C的不同及其优越性

▶采用B2B网购，新入行者也有机会

网购业务是一个不断发展的领域，它与人员推销一样，可大致分为"面向普通消费者（B2C）"和"面向法人企业（B2B）"两类。

B2C与B2B的网购业务，不但其销售对象不同，获

取成功的因素也不同。

让我们以汽车用品为例进行说明。如果想以ＢＣ的形式销售汽车用品，销售对象就是所有有车的人。这时候，首要的问题是如何进行宣传。如果不让大家知道公司正在开展汽车用品的网购业务，就不可能卖出商品去。但是，如果以这种大众化市场为对象，就只能依靠电视广告或报纸广告等花费大量成本的宣传手段。这不是任何公司都能轻易做到的。

同样的道理也可以放在网络销售上。要想在竞争激烈的ＢＣ领域突显自己公司的网站，需要花费相当大的成本。这样一来还是回到了知名度论成败上，那些已经通过销售店销售占据了市场份额的公司更有利。

然而，如果采用ＢＢ的方式，问题就大不相同了。假设以ＢＢ的方式销售汽车用品，那么销售对象就是汽车整修工厂或汽车销售商。如果是这样的销售对象，就可以通过购买名录并发送直邮或传真直邮的方式，较容易地宣传自己的公司。

也就是说，关于ＢＣ网购，在大众化市场上知名度高的大型企业更有利。而相对于此，如果采用ＢＢ方式，由于是细分市场，所以首次参与的企业也有机会。

▶大型企业难于参与ＢＢ网购业务

而且还有一个实际情况，即某行业的龙头企业其实很难参与到 B2B 中来。因为存在一个流通渠道的问题。一般来说，商品的流通走向如下所示：

生产商→全国级批发商→销售店→用户

以刚才所举的例子，汽车整修工厂或汽车销售商相当于站在用户的立场上。而在经销汽车用品的贸易公司中，规模大一些的多为全国级批发商，大多数都有下属的立足当地的中小型销售店。

试想，在这样的格局下，行业龙头型的全国级批发商如果加入了 B2B 会怎么样？势必会受到来自销售店（龙头企业的现有客户）的强烈反对，所以参与网购业务本身就带有极大的风险。所以，依靠文具的网购业务成功的爱速客（ASKUL）（该公司当初亦以 B2B 形式起步）及以工厂为对象开展网购业务并一举成功的 MonotaRO 公司，最初都不是该行业的龙头企业。

▶依靠 B2B 网购业务获得成功的案例不胜枚举！

上文中提到的专营文具网购的爱速客和专门以工厂市场为对象的 MonotaRO 都是开展 B2B 网购业务的知名企业。除此之外，擅长模具零件和 FA 零件的米思米（MISU-MI），擅长销售电子元件的欧时（RS Components）也都以工厂市场为对象，开展 B2B 网购业务。

为何要在今天开展B2B网购业务

网购业务大体可以分为以普通消费者为对象的"B2C网购"和以法人企业为对象的"B2B网购"。

B2C网购的特点

○基本以大众化市场为对象
○因此需要在宣传广告上花费成本
○所以，知名度高的现有龙头企业更容易占据优势

B2B网购的特点

○以细分市场为对象
○因此不依靠广告也可以对公司进行宣传
○而且大型企业与现有流通渠道之间存在摩擦，所以难于参与

B2B的成功案例

○以办公室为对象网购销售文具
○面向工厂现场销售MRO（非生产原料性质的工业用品）
○面向工业设计者网购销售模具零件和FA零件
○面向卡车维修工厂网购销售相关工具
○面向照相馆网购销售照相器材与成像用品
○面向旅馆酒店网购销售酒店餐具
○面向口腔医院网购销售医疗器材
○面向美容院网购销售美容用品
○面向寺庙和神社网购销售相关用品

图7-2　为何要在今天开展Ｂ２Ｂ网购业务

在其他行业，通过Ｂ２Ｂ网购业务取得成功的案例还有：专门销售卡车整修用品的公司、以照相馆为对象专营照相器材及成像用品的公司、以旅馆及酒店为对象专营餐具的公司等等。

除此之外，还有把口腔医院及美容院使用的器具整理成目录并以Ｂ２Ｂ网购方式销售的案例。说到别具特色的例子，还有的公司专门以寺庙和神社为对象开展商品网购业务。

Ｂ２Ｂ网购业务的特点就在于，在平常不引人瞩目的领域悄无声息地取得成功。

一句话补充 Ｂ２Ｂ网购仍处于发展时期

以普通消费者为对象的Ｂ２Ｃ网购，成为一股潮流，吸引了大量企业参与其中。而存在大量缝隙商品的Ｂ２Ｂ网购业务，则仍存在较多的未开发领域。

名词解释 Ｂ２Ｅ网购

Ｂ２Ｅ是指，以组织中的员工（Ｅ＝Employee）为对象的网购业务。比如有的网购公司以护理师为对象，开展使用商品目录的网购业务。

7-3 找出无需与推销员竞争的市场

如何使 B 2 B 网购业务获得成功

▶B 2 B 网购获取成功的6大关键因素

要想使 B 2 B 网购业务获得成功，需要注意以下 6 点：

① 作为头一家公司进军该市场

② 以难于进行人员推销的市场为对象

③ 以商品价格或商品分类不明确的市场为对象

④ 制作商品目录

⑤ 拥有预计可以让顾客定期购买的主力商品

⑥ 拥有 PB（Private Brand，自有品牌）等高毛利商品

接下来，将对以上几点逐一进行详细介绍。

▶第一个入行的人最有利！品牌"抢先登陆原则"

作为 B 2 B 网购业务获取成功的因素，排第一位的就是"做头一个进军该市场的人"。这是因为，品牌化对于网购业务非常重要，"抢先登陆原则"会发挥强力的作用。"抢先登陆原则"是指，最早进入该领域的竞争者最为有利。

比如，爱速客是最早进军文具网购业务的企业。在该领域，爱速客几乎成为了该行业的代名词，与排名第 2 及以下的公司在市场份额上拉开了巨大差距。

再比如销售书籍的亚马逊（Amazon）及快递行业的雅

玛多（Yamato）等等，都是"抢先登陆原则"发挥了有利作用的典型案例。

▶把目标锁定在无法进行人员推销的"无人问津市场"！

其次一个要点是"以难于进行人员推销的市场作为对象"。笔者将这种市场称为"无人问津市场"。

接下来，笔者将以工厂市场为例进行说明。在本小节的正文后面提示了工厂市场中"无人问津市场"的概念。

根据日本经济产业省的工业统计，制造业在日本国内有258232家事业所。不过，这一数字只表示了员工为4人或以上的事业所的数量。

那么员工为3人或以下的事业所有多少？根据经济产业省的估算，据说有224852家。

对于这些工厂，例如在第1章案例中所介绍的 K·Machine 这家机械工具贸易公司，就采取了人员推销的方式。不过，机械工具贸易公司的推销人员不会走访员工少于3人的事业所。因为就算登门拜访，预计顾客购买商品的数量也不够收回成本。

那么，这些小微事业所是如何购买机械零部件的？他们要上门找机械工具贸易公司，支付高额手续费购买商品后亲自领回公司。而机械工具贸易商，接待这些支付现金并上门领取商品的顾客非常花时间，所以尽可能地不想与其打交道。

如何让B2B网购业务获得成功?

使B2B网购获取成功的6大关键

① 作为头一家公司进军该市场
② 以难于进行人员推销的市场为对象
③ 以商品价格或商品分类不明确的市场为对象
④ 制作商品目录
⑤ 拥有预计可以让顾客定期购买的主力商品
⑥ 拥有PB（Private Brand，自有品牌）等高毛利商品

什么是无人问津市场

以工厂市场为例

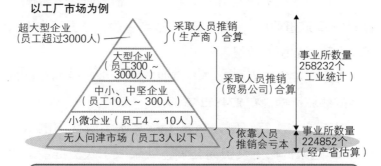

● 市场一般可以分为两种，即预计客户有一定的购买量，通过人员推销（访问销售）合算的和估计顾客不会购买太多，所以采用人员推销会亏本的

● 比如工厂市场，采取人员推销合算的和采用人员推销会亏本的数量基本相同

● 采用人员推销不合算的叫做"无人问津市场"

图7-3 如何让B2B网购业务获得成功?

222

以上这些遭到现有流通公司冷遇的小微企业阶层，就叫做无人问津市场。如上所述，由于难以进行人员推销，人们不闻不问，所以叫做无人问津市场。

而人员推销难以进行的无人问津市场，正是 B 2 B 网购业务的销售对象。假设在人员推销已经足够用的市场进行网购业务，也很难获得成功。而在这一点上，无人问津市场大多不满足于现有的流通渠道，非常适合作为网购业务的销售对象。

值得注意的是，无人问津市场的数量几乎与普通的市场相同。这不仅指工厂市场，对于各种其他市场也一样。所以说，采取 B 2 B 网购方式时必须锁定的目标，就是无人问津市场。

一句话补充 抢先登陆原则和市场占有率理论

很多情况下会产生这样的结构：最先下手的企业占据全体份额的50%上下或者更多，第2名及之后的企业瓜分剩下的市场。市场份额是直接关系到利润的重要指标。

名词解释 现金支付顾客·自提顾客

指每月的采购数量非常少，批发商或销售店的销售人员不会登门拜访，所以只好自己上门取货的顾客。大多数情况下，要花费比普通顾客更高的金额购买商品。

7-4 B2B网购的决胜关键是商品目录！

在B2B网购业务中,商品目录比网站更重要

▶在B2B网购中,商品目录发挥强大作用

上一小节讲到,要想让B2B网购业务获得成功,最为关键的是选择什么市场作为销售对象。其次非常重要的,就是制作用于网购的商品目录。或许有些读者会认为,"网站不应该比商品目录更重要吗?"而实际上,只有网购业务,其商品目录要比网站更重要。特别是在B2B网购业务中,这一特征更为明显。凡是获得了成功的B2B网购模式,几乎都以某种形式制作了商品目录。

或者也可以反过来说,正是因为采取B2B网购的方式,才可以充分发挥商品目录的作用。前文中曾阐述过,B2B网购的益处在于可以缩小筛选销售对象。所以能够轻松地发送商品目录。而如果采用B2C网购的方式,由于销售对象过于广泛,所以无法简单地发送商品目录。反过来就是说,B2C网购具有不得不依赖网站的特征。

在今天,IT技术空前发展,可以说电子数据及网站比纸媒更受重视的倾向越来越强。然而,纸媒的长处是亘古不变的。事实上,虽然印刷行业的市场规模逐年缩小,然而纸的使用量却没有减少。要想让B2B网购获得成功,就必须要制作商品目录。

►价格或商品类别不明确的市场是机遇！

本章第 3 小节在介绍使 B 2 B 网购获取成功的 6 大关键因素时，提到了"应以商品价格或商品分类不明确的市场作为对象"。

也就是说，即使某个市场可以进行人员推销，只要针对商品价格或商品分类不明确，推出可以成为该行业标准的商品目录，就能够在该市场开展 B 2 B 网购业务。

在这样的市场中大获成功的代表性企业就是米思米。该公司通过模具零件的 B 2 B 网购销售取得了成功，现在是东证 1 部上市公司。该公司编写的模具零件商品目录，在模具行业已成为事实上的行业标准。

每制作一件模具，除了需要模具本身外，还需要无数的轴和销等零件。虽然每一个零件都是单一的形状，但直到米思米编写出目录之前，一直没有行业的统一规格。设计人要想设计一件模具，必须从零开始设计无数个零件。不仅如此，零件的价格也因为不同的生产商家而出现很大的差距，每次必须一一让生产商估价。出于这些原因，一直以来设计都需要花费相当大的工夫。

然而，得益于米思米制作的模具零件的综合商品目录，设计者们无需再从零开始对无数个零件进行设计。他们只要配合着综合商品目录上所刊登的标准零部件去设计模具主体即可，变得非常省事方便。而且零件价格也刊登

B2B网购业务成败取决于商品目录

较之网站，纸制目录在很多情况下更方便	采取B2B网购方式，可以锁定发送商品目录的目标	取得了成功的B2B网购业务无一例外，都制作了商品目录

采用B2B网购方式时，最为重要的工具是纸制目录

用于网购的商品目录必须具备的要点

① 明示销售价格
普通的商品目录，一般表示的是"定价"，而用于网购的商品目录，必须标明"销售价格"

② 明示交货期
必须标明可即刻发货商品的交期保证（如"○点前订货可即日发货"）和因公司代购而需要花费时间的商品的交期

③ 明示质量保证
必须明示有关质量保证的态度，如"万一商品出现问题，费用将全额退还"等。

● B2B网购业务中最重要的工具是纸制商品目录

● 用于网购的商品目录必须具备①明示销售价格②明示交货期
 ③明示质量保证等组成部分

● 如果某行业的商品价格或商品类别不明确，只要制作商品目录，把这些商品仔细归类，就有可能成为该行业标准

图7-4 B2B网购业务成败取决于商品目录

226

在了目录上，所以不再需要特意询问报价了。

如上所述，当某行业的商品类别及价格不明确时，只要对这些商品详细分类整理，编写出综合商品目录，就有可能成为该行业的标准。

▶普通商品目录与用于网购的商品目录的不同是什么

那么，一般的商品目录与用于网购的商品目录的不同之处在哪里？二者的最大区别在于，用于网购的商品目录必须标明销售价格和交期。

普通的商品目录，有可能会标明定价，但绝对不会标明销售价格。这是因为，销售人员要根据顾客的感兴趣程度和购买力提出报价，所以绝对不能在商品目录上标明销售价格。此外，不会有人购买交期不明确的商品。而且在邮购时，对于买方而言，要从没有直接见过面的商家那里购买商品，会感到不安。所以标明"质量保证"，告诉购买者如果商品出现问题将予以退款，也是用于网购的商品目录应该具备的要素。

一句话补充 ｜ 商品综合目录非常好用

虽然网站易于搜索，并可以买卖种类繁多的商品，但只要有了商品综合目录，后者的利用频率就会变得更高。

特别是在采购的初级阶段，这一特征更加明显。

名词解释　模具

典型的模具包括注入熔化的树脂的"成型模具"，以及给铁板冲孔或折弯的"冲压模具"等等。模具的结构包括了大量的销和轴。

7-5 正因为网购销售不经过人，所以是重要的商品战略
在网购业务中应该掌握怎样的商品战略原则

▶普通的网上购物与Ｂ２Ｂ网购业务在商品战略上的差异

在网购这一行里，人们经常会用到"长尾"这个词。关于网购的长尾理论是指，除了在销售店里的主要商品外，还要加上几乎没人购买的商品以丰富商品的种类，并且在后者上增加权重，将其作为利润中心。比如亚马逊销售的商品品种广泛，甚至包括普通书店没有的书籍，并且把这些购买频率较低的书籍定位为销售额的中心。

然而，Ｂ２Ｂ网购销售的商品战略采取的则是与长尾理论相反的思路。即必须实现这样一种结构：把购买频率

高的商品作为主力商品，通过将这些商品变成自有品牌而获取利润。

而且，如果按照长尾理论的想法去做的话，获得成功的关键就是一味地丰富商品种类。所以特别是那些以Ｂ２Ｃ的方式开展网上购物的公司，都花大力气在如何增加交易商品的种类数量上。

而进行Ｂ２Ｂ网购销售时，增加商品种类未必是获取成功的关键。反而在很多情况下，利用商品目录、直邮及传真直邮、电子杂志等媒体的交叉传媒更具效果。

那么，为什么Ｂ２Ｃ与Ｂ２Ｂ之间会有这样的不同呢？

▶采取Ｂ２Ｂ网购销售的益处在于可以期待顾客"定期购买"！

如何把网购做成一桩成功的生意，其关键在于顾客是否会持续购买我们的商品。所以，面向普通消费者的网购业务的最常见商品是化妆品、健康食品以及服饰类等。化妆品或健康食品在顾客用过一次后如果觉得满意，就会作为消耗品被顾客定期购买。而对于服饰品，一旦是自己认定的品牌，消费者就会持续购买。相反，如果某件商品很难期待顾客定期购买，那么要想做成网购形式，将要花费相当大的精力。

在这一点上，由于法人在日常工作中会使用种类各异的商品，所以较之于普通消费者，需要多种定期购买的商品。而且，相对于普通消费者，法人顾客一旦开始了交易，就有可能稳定且持续地对商品进行采购。

如上所述，Ｂ２Ｂ网购销售的魅力在于，较之于Ｂ２Ｃ网购业务，更容易期待顾客采购的持续性。

▶商品战略的原则与超市依靠超低价格销售的方式相同

购买的持续性可以用购买频率这个概念表示。在开展Ｂ２Ｂ网购业务时，必须把购买频率高的商品定位为主力商品。

进一步，需要在购买频率特别高、单价较低的商品中选出用于集客的商品。集客商品，顾名思义，就是价格比其他公司低很多，以此吸引顾客的商品，也叫做杀手级商品。

商品战略的原则是通过集客商品（杀手级商品）吸引顾客，并以此引导顾客购买公司可以获得利润的主力商品。比如超市把鸡蛋或面巾纸的价格定得非常低，以此吸引顾客。同时促使其"顺便"购买其他商品，以获取利润。而且，如果商品种类不多就吸引不到顾客，所以为了销售主力商品，还需要具备补充商品。所以，商品战略就是把公司的商品按照"主力商品"、"集客商品"、"补充商品"进行分类。

> 开展网购业务时应掌握怎样的商品战略原则

> 网上购物与B2B网购销售的战略差异

◆通常的网上购物	◆B2B网购销售
把长尾（购买频率低的）部分作为收益支柱	根本上以顾客持续购买的商品作为收益支柱

因此，只增加商品项目数量不是取得成功的关键

> 什么是商品战略

商品战略是指，将公司销售的商品按照"集客商品"、"主力商品"、"补充商品"进行三分类

①主力商品
可以期待顾客定期购买，能获取利润的公司主力商品

②集客商品
在购买频率高的商品中，以"集客"为目的，把价格定得比其他公司低得多的商品

③补充商品
以丰富商品种类为目的，为了销售主力商品所必需的商品

对于主力商品和集客商品要进行"PB化"，不断开发出低价格高收益的商品

图7-5 开展网购业务时应掌握怎样的商品战略原则

此外，具有价格竞争力并以获取利润为目的而开发出的商品，是自有品牌（Private Brand，简称 PB）商品。关于 PB 商品的开发，应该思考能不能充分利用在中国及中国台湾地区等地生产的低价产品。作为低价格、高收益的自有品牌，其开发是制定商品战略时应该长期思考的课题。

名词解释	PB

指流通公司利用 OEM（代工生产）等进行生产，不以生产商的名义，而是作为自己公司的品牌推出的商品。与制造商的品牌相比，大多数的定价十分低廉。

一句话补充	购买的持续性是做生意的基本原则

在做生意时必须遵守一项基本原则，即建立一个"能够反复卖出去"的机制。换句话说，就是保证购买的持续性。为此，必须开发出可以反复销售的商品，或者开发新客户。

7-6 开始 B2B 网购业务的8个步骤

货运担保在 B2B 网购业务中必不可少

▶启动 B2B 网购业务的具体步骤

在以上各个小节中，为读者介绍了 B2B 网购业务的市场战略、商品目录战略、商品战略。接下来，将为读者具体介绍如何开展Ｂ２Ｂ网购业务。

开展Ｂ２Ｂ网购业务，应当按照以下８个步骤执行：

第１步：决定对象市场

第２步：决定主力商品、集客商品、补充商品

第３步：决定物流体制和结算条件

第４步：制作商品目录

第５步：成立网站

第６步：制作保留名单（有望客户名单）

第７步：发送商品目录

第８步：促进客户定期购买（客户跟进）

▶Ｂ２Ｂ网购业务应具备的物流体制与结算条件

开展Ｂ２Ｂ网购业务时，必须具备货运担保（交期保证），比如"在✕点之前订货即可当天发货"。能做到怎样的货运担保，取决于公司的物流体制。

最近存在很多从事3PL（Third Party Logistics，第三方物流）的专业公司，包办从库存管理、拣货到发送的整个物流业务。但是，在网购业务中，物流系统可以看作是核心部分，所以就算发展到某个阶段后需要利用3PL，但是在最开始时，应该由公司自己操办。

此外，有些时候公司销售的商品无法全部由自己进行保管。原则上，公司自己持有主力商品及集客商品的库存，而补充商品要在收到客户订单后从供应商进货。但是站在长远的角度，也要考虑让供货商直接向顾客发货这个选项。

物流系统的基础是公司自己的仓库、发货场与外部的物流（快递）公司的合作。而且例如雅玛多运输、佐川急便（SAGAWA TRANSPORT）、福山通运（FUKUYAMA TRANSPORTING）等主要的物流公司，除了物流业务之外还提供货到付款等服务，可以承担包括结算在内的业务。

在采取Ｂ２Ｂ网购方式时，结算条件除了货到付款，还有信用卡结算、提前汇款、赊销等方式。较之Ｂ２Ｃ网购，Ｂ２Ｂ网购的顾客更容易定期购买，所以有必要逐步导入上文所述的"赊销"。这时候需要做好信贷控制，需要事先把销售额的3％左右预估为未回收款或退款等相关损失。

▶网站的作用应该是商品目录的补充完善

网站的建设可以与制作商品目录同时进行。在Ｂ２Ｂ网购业务中，网站在实质上起到了补充完善商品目录的作用。具体的思路是，把常利用商品目录网购的重度用户引导到网站，使其在网上购买。如果使用商品目录下单，就必须使用传真或者电话订购，作为接收订单的一方也要花

開展Ｂ２Ｂ网购业务的8个步骤

第1步 决定对象市场

第2步 决定主力商品、集客商品、补充商品

第3步 决定物流体制和结算条件

第4步 制作商品目录

第5步 成立网站

第6步 制作保留名单（有望客户名单）

第7步 发送商品目录

第8步 促进客户定期购买（客户跟进）

图７－６　开展Ｂ２Ｂ网购业务的８个步骤

费工夫。而利用网站下单的话，可以削减接单方的工时。这样一来，也可以把网站看作是专门为深度用户准备的"收发单工具"。

而且，建设网站也有利于集揽有望客户。具体思路是，针对利用公司网站购买商品的客户，向其发送公司的商品目录。商品目录是 B 2 B 网购业务的核心，所以在刚开始启动 B 2 B 网购业务时，集揽有望客户极其重要。在接下来的小节中，将就这一点进行详细阐述。

名词解释 fulfillment

在网购业务中，从接单到结算、准备、发货、物流的整个操作叫做 fulfillment。顾客购买后的事后跟进也包括在 fulfillment 内。

再多说一句 货到付款服务的金额上限

货到付款服务，是指物流公司在向顾客发送商品的同时向顾客收款的服务。不同的物流公司规定了不同的货到付款的金额上限，一般是 30 ~ 50 万日元。

7-7 集揽有望客户并促进其定期购买的要点

通过 outbound 促进顾客定期购买，提高客单价

▶关键在于制作保留名单

在前面几小节中，笔者曾反复强调，构建 B2B 网购业务的系统时，必须把商品目录放在核心位置。此时需要解决的课题，就是应该向谁发送商品目录。

制作商品目录需要花费成本。制作目录的成本因页数和份数的不同而异，如果是制作综合类的商品目录，每本应该会花费 1000 日元上下的成本。如果把商品目录发给跟自己公司没有丝毫关系的顾客手中，肯定不会得到回复。

所以，发送商品目录的对象，必须是至少从公司购买过 1 次商品的顾客。在公司留下了购买记录的有望客户名单，就叫做保留名单（house list）。制作保留名单可以采取如下方法：把杀手级商品定成极低的价格，用传真直邮（或直邮广告）发送给有望客户。

使用传真直邮或直邮广告，只需要承担商品目录成本的百分之一到十分之一。向通过传真直邮或直邮购买过商品的顾客发送商品目录是 B2B 网购的基本模式。

▶应该对寄送目录的顾客进行事后跟进

在发送过商品目录后，对于没有购买的顾客还要进行电话销售。具体做法是给顾客打电话，问其是否收到了商品目录，并劝其通过目录购买商品。电话销售的另一个目的，是听取顾客对商品目录或价格的评价，并判断该顾客今后是否会购买商品。

一提到网购，人们会觉得这是"等着顾客上门的买卖"。而实际上绝非如此。在发送过商品目录后不应该守株待兔，必须要以电话销售或传真直邮等方式进行事后跟进。

当顾客利用商品目录实际购买商品后，要利用传真直邮促进其定期购买。具体做法是举办促销活动，比如"从○月○日至○月○日止，目录上所有商品降价5%"。

此外，作为网购业务的事后跟进的常用方法，可以发送电子邮件杂志。电子邮件杂志也应以宣传促销商品为中心，以每周2次左右的频率实施。

如上所述，通过"主动出击"集揽有望客户，或者促进客户反复购买及提高客单价的一系列活动叫做"outbound"。相反，通过"守候"集揽有望客户，促进其购买的活动叫做"inbound"。开展 B 2 B 网购业务时，不仅 inbound 重要，outbound 同样也至关重要。

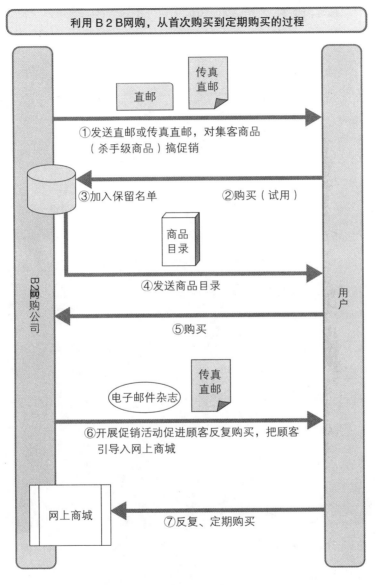

利用Ｂ２Ｂ网购，从首次购买到定期购买的过程

传真
直邮

直邮

①发送直邮或传真直邮，对集客商品
（杀手级商品）搞促销

③加入保留名单　　②购买（试用）

商品
目录

④发送商品目录

⑤购买

传真
直邮

电子邮件杂志

⑥开展促销活动促进顾客反复购买，把顾客
引导入网上商城

网上商城　　⑦反复、定期购买

B2B网购公司

用户

图７-７　利用Ｂ２Ｂ网购，从首次购买到定期购买的过程

▶开展Ｂ２Ｂ网购业务要"主动出击"，不要"守候"

同时，实施捆绑广告可以促进顾客反复购买，提高客单价。比如在亚马逊上买书，有的时候会同时夹带一份外语教材的广告活页，这就是捆绑广告。开展Ｂ２Ｂ网购销售时，可以把介绍促销商品或降价商品的宣传页作为同捆广告。比如有一家公司的作法非常独特，该公司虽然办理的是建筑作业用品的网购业务，但在发送商品时却塞进介绍名牌皮包或戒指的广告单，并取得了成功。这是因为，公司的销售对象大多是小公司企业家，包装经常是由老板的太太亲自打开的，于是该公司就把目标锁定在了太太们身上。

Ｂ２Ｂ网购销售比Ｂ２Ｃ网购销售更容易筛选目标，所以促销的形式也有多种多样。除上述介绍外，还有以集揽有望客户为目的在专业刊物上刊登广告，或向其他公司的媒体发送同捆广告的方法等等。换句话说，Ｂ２Ｂ网购业务可以利用多种多样的"招数"，不要"守株待兔"，而应"主动出击"。

名词解释 CPR 与 CPO

CPR 是 Cost Per Response 的缩写，即每获得一次回应需要花费的成本；CPO 是 Cost Per Order 的缩写，即每获得一份订单所需要花费的成本。

CPR 因交易商品不同而各异，但通常制定营销计划时，应将其控制在 2000 日元以内。如果 CPR 过高，就应该思考集客方法是否出了问题。

案例 在萎缩市场维持发展战略

MonotaRO 的 B 2 B 网购销售战略

▶同行业最受关注的企业

MonotaRO 是一家以工厂为对象的 B 2 B 网购销售企业，员工 305 人，销售额 140 亿 6800 万日元（2008 年度）。该公司的交易商品数量达 100 万种，顾客是全日本 43.7 万多家事业所的制造业部门。

该公司开始实质性销售是在 2002 年，所以是一家仅用 6 年时间就实现了超过 140 亿日元销售额的高速发展企业。公司利用网站、直邮广告和一本厚厚的商品目录接收来自顾客的订单。

该公司交易的商品是工厂使用的间接次级材料，又叫做 MRO。MRO 是 Maintenance（维护）Repair（维修）Operation（运行）的缩写，即用于工厂运行的消耗品和维修材料。据称 MRO 市场的规模为 10 兆日元～20 兆日元，是一个很大的市场。

一直以来，在 MRO 市场的生产商与最终需求者之间，存在多家批发商、二次批发商及销售店。销售人员在接到不同顾客的订单后，根据其购买数量和对方的企业规模进行估价，所以 MRO 市场是一个"一物多价"的世界。

相对于整个市场的"一物多价"，该公司的商业模式是"一物一价"。虽然没有了薄利多销的好处，但顾客也不会因为购买数量少而吃亏。该公司的这种方针得到了中小制造业企业的支持，于是该公司的业绩急速扩大。

▶在市场不断缩小的行业里实现唯一的增收增益

该公司的实力得到真正的考验，发生在全世界范围陷入经济不景气时。2009 年第二季度（4 ~ 6 月），全日本主要的 16 家工厂物资贸易公司中，有 15 家的销售额比前期平均减少 18.3%，比上一年同期平均减少了 40.5%。而在这样的环境中，只有 MonotaRO 实现了销售额比前期增加 4.0%，固定收益也比前期增加了 33.9%。而且，截止到 2008 年，每月新拓展客户数量为平均每月 5000 家，而在雷曼冲击后，每月急剧增加到 1.5 万家公司，从反面印证了经济不景气条件下 B 2 B 网购业务的强悍。

今天，该公司作为行业里唯一一家持续发展的企业而备受瞩目。然而在刚起步时，公司也遇到了千难万险。首先，在网站等媒体上公开了商品价格后，遭到了现有的工具贸易公司的一致反对。据说甚至有的贸易公司对工具生产商施加压力，不许其把商品批发给该公司。这件事也说明，公开商品的销售价格，对于现有的同行公司而言打击多么巨大。

然而无论是什么行业，都在由封闭的价格体系向开放的价格体系过渡。可以说，该公司的行动明确地把握住了时代的发展。今天，该公司拥有行业内最丰富的商品种类，已成为了工厂物资市场中网购业务的标准。

▶内制重于外包，积累知识技巧

该公司在构建信息系统以及编写厚实的商品目录时，以全部在公司内部完成，绝不实行外包为原则。这一原则得到了充分贯彻，甚至公司内使用的电脑都是员工买来零部件后一台一台组装的，而且公司的标识也采用了员工自己的设计。虽然外包可以节省工夫，但是现金将向外部流出。该公司认为，更重要的是，通过内部制作可以在公司内积累知识技巧，而且这么做的最终结果，也会降低成本。

而且，该公司非常重视通过数据库营销（对积累的订单、顾客数据库进行完善与分析）集揽顾客。该公司的方针是，今后将进一步强化数据挖掘等活动，以此强化市场营销。

而且该公司意图通过向大型企业提供服务，进军汽配维修市场及工程建设市场等，实现更大的发展。

MonotaRO的网购商品目录和网站

MonotaRO

MonotaRO的网购商城

图 7－8 MonotaRO 的网购商品目录和网站

专栏 7

▷为什么只有网购业务在增长

近几年来，由于长期经济不景气等原因，所有的流通渠道的销售额都在降低。具体来说，以百货店为首，包括药店和被称为增长型产业的便利店等在内，销售额均比去年有所降低。

在这样的环境中，唯一持续发展的就是网购市场。在今天，网购业务以赶超便利店市场的势头不断壮大。那么，为什么只有网购业务可以保持增长呢？

网购业务持续发展的主要原因有"消费样式的多样化"、"价值观的多样化"、"网购给人价格低廉的印象"等。但是，只有这些才是网购业务持续增长的理由吗？

笔者认为，除了上述几个原因之外，"网购业务是不断拓展新业务的商业模式"也是网购业务得以持续发展的原因。

如果采用通常的人员推销，拓展新业务将耗费相当大的劳力。然而网购则是以拓展新业务为前提的商业模式。另外从购买者的角度来看，从初次见面的人那里购买商品，会产生戒备心理，而采用网购，则会降低戒备。而且近几年网络的普及也促进了网购业务的发展。网络在广义上讲，是广告媒体。在电视、报纸、广播、杂志等主要的广告媒体一个个缩小市场规模的环境中，只有网络在不断发展壮大。毫无疑问，网络的普及削弱了企业进军网购销售的壁垒。

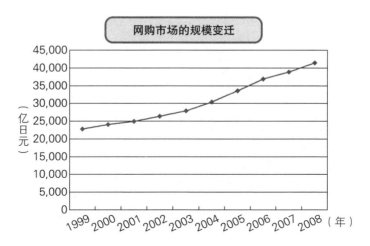

图 7 – 9　网购市场的规模变迁

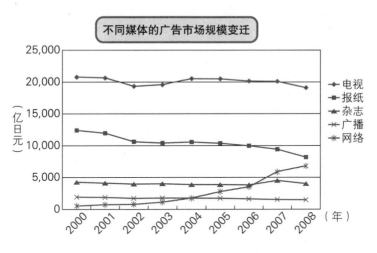

图 7 – 10　不同媒体的广告市场规模变迁

后记

所有公司都能提高业绩！

就笔者自己担任经营顾问的体会而言，无论是什么公司，都肯定可以提高业绩。这是因为，任何公司都一定会有自己的"强项"与"优点"。要想提高业绩，只要提高这些"强项"和"优点"即可。

然而，问题在于自己很难理解自身的"强项"与"优点"。在这里，"乔哈里的4扇窗（Johari Window）"可以为我们提供找到自身的"强项"与"优点"的线索。"乔哈里的四扇窗"是心理学中的一个著名框架，根据这一理论，每个人的内心世界被分为以下4个侧面：

① 自己和他人都知道的自己　＝开放区

② 自己知道，但他人不知道的自己　＝隐藏区

③ 自己不知道，但他人知道的自己　＝盲点区

④ 自己和他人都不知道的自己　＝未知区

根据这个理论，站在个人的角度，可以利用自我测试等方法不断认识自身存在的"隐藏区"、"盲点区"，由此与人交流，建立更好的人际关系。

站在企业的立场上，通过进行客观的现状分析，就能够找出"盲点区"里隐藏着的自己的"强项"和"优点"。而且，"未知区"可以认为是面向公司未来发展的无限可能性。

公司的"强项"和"优点"究竟是什么？答案在大多数情况下隐藏在现场的角落里或员工的头脑中。为了不在经济不景气中败下阵来，要导入拓展新业务的"机制化"，而应做的第一步就在于认清现状。

市场营销越晚的行业越有机会！

另外，所谓的"与网络一点关系都没有"的行业，即市场营销落后的行业存在着非常大的机会。

比如本书所列举的案例企业，在其所处的行业里，都另外存在着龙头企业。但是，这些在"真实世界"中的龙头企业对于网络世界完全不用心。所以，即使在该行业里属于起跑落后的企业，也可以在网络世界里成为老大。具体来说，比如利用"配电柜"或"燃烧器"等在该行业里属于杀手级的关键词，能够让自己公司的网站排列在搜索引擎的第一位。

特别是在以巡回销售为主的向法人企业销售的世界里，与面向普通消费者的市场相比，市场营销较为落后。这是因为在以往的稳健成长中，只要在与现有客户的交易上花工夫，就不会为销售额发愁。然而在今后的时代，这么做是行不通的。无论现在跟规模多么大的企业进行交易，今后都将进入一个充满不确定因素的时代。对于所有企业而言，掌握能够自行拓展新业务的力量，并不断拓展新业务，是在今后这个时代所必须具备的条件。

今天，以网络为代表，传真直邮以及各种广告媒体等市场营销的手段呈现着显著的发展。而且，这些方法的大众认知程度还并不太高。所以，就算在现实世界里属于后发起跑，或者自己的公司属于中小型企业，只要充分利用上述市场营销的技术，就可以面对竞争占据有利的位置。

成功者与失败者之间的决定性差异

进一步讲，要想提高业绩，想法比什么都重要。就笔者的日常体会来讲，一桩生意就是一些很小的因素的总和。也就是说，做生意并不单纯，不是说只要做好某件事就能取得巨大的成功。只有通过一点一点积累每一个小小因素的努力，才能最终取得成功。

话说回来，那些无论是谁都觉得"肯定会出成果"的事，大家都会抢着去做，所以就算让我们也去做，也不可能得到成果。而那些能够对"不知是否会出成果"的事情采取行动的人或组织才能做出成果。

举一个小例子，比如给初次会面的客户写感谢问候信（注意，不是电子邮件，而是感谢信）。写好信然后再寄出去，不但相当花时间，而且完全无法想象这么做了之后能不能取得成果。然而，只有能够对这些谁也不知道结果怎样的事情采取行动的人，才能在最后把胜利握在手中。

在此笔者想再次强调，无论是什么公司，都可以提高业绩。为此，本书所阐述的具体的实践方法，以及上文所述的想法和积极的态度将非常重要。

笔者由衷地希望，本书能为各位读者的事业成功尽一丝绵薄之力。

在本书最后，向实现了本书之策划，并为笔者提供了宝贵建议的中经出版社的古川浩司先生致以由衷的谢意。

片山和也

"服务的细节" 系列

《卖得好的陈列》：日本"卖场设计第一人"永岛幸夫

定价：26.00 元

《为何顾客会在店里生气》：家电卖场销售人员必读

定价：26.00 元

《完全餐饮店》：一本旨在长期适用的餐饮店经营实务书

定价：32.00 元

《完全商品陈列 115 例》：畅销的陈列就是将消费心理可视化

定价：30.00 元

《让顾客爱上店铺 1——东急手创馆》：零售业的非一般热销秘诀

定价：29.00 元

《如何让顾客的不满产生利润》：重印 25 次之多的服务学经典著作

定价：29.00 元

《新川服务圣经——餐饮店员工必学的 52 条待客之道》：日本"服务之神"新川义弘亲授服务论

定价：23.00 元

《让顾客爱上店铺 2——三宅一生》：日本最著名奢侈品品牌、时尚设计与商业活动完美平衡的典范

定价：28.00 元

《摸过顾客的脚才能卖对鞋》：你所不知道的服务技巧，鞋子卖场销售的第一本书
定价：22.00 元

《繁荣店的问卷调查术》：成就服务业旺铺的问卷调查术
定价：26.00 元

《菜鸟餐饮店 30 天繁荣记》：帮助无数经营不善的店铺起死回生的日本餐饮第一顾问
定价：28.00 元

《最勾引顾客的招牌》：成功的招牌是最好的营销，好招牌分分钟替你召顾客！
定价：36.00 元

《会切西红柿，就能做餐饮》：没有比餐饮更好做的卖卖！ 饭店经营的"用户体验学"。
定价：24.00 元

《制造型零售业——7-ELEVEn 的服务升级》：看日本人如何将美国人经营破产的便利店打造为全球连锁便利店 NO.1！
定价：38.00 元

《店铺防盗》：7 大步骤消灭外盗，11 种方法杜绝内盗，最强大店铺防盗书！

定价：28.00 元

更多本系列精品图书，敬请期待！

图书在版编目（CIP）数据

中小企业自媒体集客术／（日）片山和也 著；张舒鹏 译. —北京：东方出版社，2014.1
（服务的细节；16）
ISBN 978 - 7 - 5060 - 7207 - 6

Ⅰ.①中… Ⅱ.①片… ②张… Ⅲ.①中小企业—商业模式—研究 Ⅳ.①F276.3

中国版本图书馆 CIP 数据核字（2014）第 016963 号

NAZE Kono Kaisha niwa 1 kagetsu de 700 ken no Hikiai ga Attanoka?
Shinki Eigyou Kaitaku no "Shikumi ka"
by Kazuya Katayama

Copyright © CHUKEI PUBLISHING CO., LTD. 2010
All rights reserved.
Original Japanese edition published by CHUKEI PUBLISHING CO., LTD.
Simplified Chinese translation rights arranged with CHUKEI PUBLISHING CO., LTD.
through BEIJING HANHE CULTURE COMMUNICATION CO., LTD.

本书中文简体字版权由北京汉和文化传播有限公司代理
中文简体字版专有权属东方出版社
著作权合同登记号 图字：01-2011-5396 号

服务的细节 016：中小企业自媒体集客术
（FUWU DE XIJIE 016：ZHONGXIAO QIYE ZIMEITI JIKESHU）

作　　者：［日］片山和也
译　　者：张舒鹏
责任编辑：吴　婕　郑　悦
出　　版：东方出版社
发　　行：人民东方出版传媒有限公司
地　　址：北京市东城区东四十条 113 号
邮政编码：100007
印　　刷：北京楠萍印刷有限公司
版　　次：2014 年 3 月第 1 版
印　　次：2017 年 4 月第 2 次印刷
印　　数：6001—9000 册
开　　本：880 毫米×1230 毫米　1/32
印　　张：8.5
字　　数：177 千字
书　　号：ISBN 978 - 7 - 5060 - 7207 - 6
定　　价：36.00 元
发行电话：（010）85924663　85924644　85924641

版权所有，违者必究　本书观点并不代表本社立场
如有印装质量问题，请拨打电话：（010）85924602　85924603